CATHERINE.

ROMANS
DE MADAME LA COMTESSE DASH.

	vol.	fr.	c.
LE JEU DE LA REINE.	2 in-8	15	»
MADAME LOUISE DE FRANCE.	1 in-8	7	50
L'ÉCRAN.	1 in-8	7	50
MADAME DE LA SABLIÈRE.	1 in-8	7	50
LA CHAÎNE D'OR.	1 in-8	7	50
LE FRUIT DÉFENDU.	4 in-8	30	»
LA MARQUISE DE PARABÈRE.	2 in-8	15	»
LES BALS MASQUÉS.	2 in-8	15	»
LE COMTE DE SOMBREUIL.	2 in-8	15	»
LE CHATEAU DE PINON.	2 in-8	15	»
LA POUDRE ET LA NEIGE.	2 in-8	15	»

LE MEUNIER D'ANGIBAULT, par *George Sand*. . .	3 in-8	22	50
LES GROTESQUES, par *Théophile Gautier*. . . .	2 in-8	15	»
MILLA ET MARIE, par *Jules Sandeau*.	2 in-8	15	»
LE CAFÉ DE LA RÉGENCE, par *A. Houssaye* . . .	2 in-8	15	»
UNE LARME DU DIABLE, par *Th. Gautier* . . .	1 in-8	7	50
LA COMÉDIE DE LA MORT, par *Th. Gautier*. . .	1 in-8	7	50
SUZANNE et la CONFESSION DE NAZARILLE, par *E. Curliac*	2 in-8	15	»
LA COMTESSE ALVINZI, par *le marquis de Foudras*	2 in-8	15	»
FERNAND, par *Jules Sandeau*.	1 in-8	7	50
LA TOUR DE BIARITZ, par *Élisa de Mirbel*. . .	1 in-8	7	50
DEUX TRAHISONS, par *Auguste Maquet*. . .	2 in-8	15	»
SUZANNE D'ESTOUVILLE, par le marquis de *Foudras*.	4 in-8	30	»
LE MOULIN D'HEILLY, par *Roger de Beauvoir*. .	2 in-8	15	»
LE SACRIPANT, par *Maximilien Perrin*. . . .	2 in-8	15	»

Sous Presse :

	vol.
La Peau de Tigre, par *Théophile Gautier*. .	2 in-8.
La Princesse de Conti, par Mme la comtesse *Dash*	2 in-8.
Teverino, par *George Sand*.	2 in-8.
Valcreuse, par *Jules Sandeau*.	2 in-8.

JULES SANDEAU.

CATHERINE

II

PARIS
DESESSART, ÉDITEUR,
8, RUE DES BEAUX-ARTS

M D CCC XLVI

I

PROJETS.

Or, dans la soirée de ce même jour, tandis que nos deux jeunes gens suivaient côte à côte le sentier de la Hachère à Saint-Sylvain, le papa Noirel et François Paty se promenaient ensemble sous les grands marronniers de la terrasse de la cure. Le marguillier était soucieux; le pasteur regardait, dans une religieuse extase, le soleil qui se couchait derrière un éboulement de nuages, pareils aux murailles écroulées d'une ville en flammes.

— Voyez que Dieu est beau! s'écria-t-il tout d'un coup avec une pieuse exaltation, en montrant le magnifique spectacle qu'offraient en cet instant la vallée, les bois et les coteaux ruisselant de lumière, chamarrés de bandes de pourpre et plaqués de lames d'or.

Le marguillier hocha la tête de l'air d'un homme que les splendeurs d'un coucher de soleil touchent médiocrement.

— Qu'avez-vous, mon cher Noirel? vous êtes triste, dit François Paty, qui venait enfin de remarquer la mine renfrognée de son silencieux compagnon.

M. Noirel était triste en effet. Claude donnait à son père, comme on dit communément, du fil à retordre, et ce fil n'était pas précisément de la plus fine soie. Le marguillier ne se dissimulait pas qu'il n'y avait qu'un mariage entre son fils et la nièce du curé de Saint-Sylvain qui pût ramener la sérénité dans son logis et la raison dans le cerveau de Claude. D'ailleurs ce mariage, on le sait, avait été de tout temps le but de ses secrètes ambitions. Sa vanité s'en réjouissait; son avarice même y trouvait son compte. Il savait bien que Catherine était pauvre et n'aurait pas un sou vaillant à la mort de son oncle; mais il savait aussi que ce n'était pas pour rien qu'on l'avait surnommée dans le pays la petite fée. Sans parler de ses qualités d'ordre et d'économie, vraiment merveilleuses, il lui voyait une fortune au bout de ses dix jolis doigts, et à force d'entendre répéter à François Paty que cette petite magicienne avait doublé les revenus de la cure, le vieil avare avait fini par éprouver un vif désir d'en juger par lui-même, et de mettre la petite fée à l'œuvre sous son propre toit. Par malheur, François Paty ne paraissait nullement pressé de céder le trésor que convoitait le papa Noirel. Ce n'est pas qu'il répugnât à cette union: bien loin de là, il la désirait; mais le fait est qu'à son insu, sans s'en rendre compte, il retardait autant que possible l'époque de la conclusion. Outre qu'il s'était habitué à ne voir dans Catherine qu'une enfant, il sentait bien qu'elle était l'âme et la vie du presbytère; il comprenait vaguement qu'une fois mariée, elle emporterait avec elle la poésie du foyer et le charme de la maison. Aussi, à toutes les ouvertures du marguillier, se contentait-il de répondre : — Nous verrons — oui, sans doute — nous en reparlerons. — Et telle était la cause de l'air sombre et préoccupé qu'avait ce soir-là le digne M. Noirel en se promenant avec son curé sous les grands marronniers de la terrasse.

— Voisin, vous êtes triste, répéta François Paty d'un ton affectueux.

— Monsieur le curé, on le serait à moins, répliqua le marguillier d'un ton lamentable.

— Qu'est-ce donc, Noirel ? parlez, vous m'effrayez. Avez-vous des chagrins que je ne puisse guérir ou soulager ?

— Tenez, monsieur le curé, s'écria le

dolent Noirel, si vous voulez que je vous le répète, mon Claude me donne de sérieuses inquiétudes. L'avez-vous observé durant ces derniers jours ? Le malheureux est jaune comme un coing ; il maigrit à vue d'œil et n'est déjà plus que l'ombre de lui-même.

— Noirel, répliqua François Paty, vous savez que Claude n'est pas naturellement très gras. Je crois, mon bon ami, que vous vous alarmez à tort.

— Hélas ! monsieur le curé, reprit le marguillier en soupirant, de maigre qu'il était son pauvre corps est devenu diaphane ; on voit les étoiles à travers. Plût à Dieu cependant que je n'eusse pas d'autre sujets d'alarmes ! Que mon fils ait perdu le boire et le manger, ce n'est point là ce dont je me plains, ayant toujours considéré la sobriété comme une des vertus les plus agréables au Seigneur. Malheureusement, ce n'est pas tout. Claude ne tient plus dans sa classe. Ce matin encore il a disparu sans que je sache où il est allé. Ajoutez qu'au lutrin il baisse de dimanche en dimanche; sa voix n'est plus qu'un écho mourant de ce qu'elle était autrefois. Ah! monsieur le curé, s'il est ici-bas une douleur permise et légitime, c'est celle d'un père infortuné qui, ayant tout sacrifié pour l'éducation de son fils, dans l'espoir qu'il serait l'orgueil de ses vieux jours et l'ornement de la société, voit, comme moi, cet espoir brisé et ne cueille que des fruits amers aux branches ingrates de l'arbre qu'il a pendant vingt ans arrosé de ses sueurs.

A ces mots, le rusé compère, dont le désespoir était très sincère d'ailleurs, tira de sa poche un mouchoir à carreaux à l'aide duquel il feignit d'éponger ses yeux, qui ne pleuraient jamais que de joie quand il regardait ses écus.

— Voyons, voyons, Noirel, s'écria le pasteur attendri, ne vous désolez pas de la sorte. Vous croyez donc, ajouta-t-il d'un air rêveur, que c'est l'amour qui trouble à ce point le bon Claude?

— Si je le crois, monsieur le curé! et que serait-ce donc, si ce n'était ce gueux d'amour? Je l'entends toutes les nuits qui sanglote et qui mord son traversin à belles dents. Il m'a déjà perdu une paire de draps tout neufs. S'il a flairé seulement, par la porte entr'ouverte, la robe de votre nièce, Dieu ni ses saints ne le retiendraient pas à la niche. Le soir, il se plante comme un tilleul de plus sur la place de l'église et n'en bouge, tant qu'il voit de la lumière dans la chambre de Catherine. Je jurerais qu'il n'est sorti ce matin que pour suivre Annette de loin et caché derrière les buissons. Allez, allez, c'est bien l'amour ! Je fus ainsi pendant trois mois ; madame Noirel pourrait vous en dire quelque chose, si le bon Dieu ne m'avait fait la grâce.....

Ici, comprenant qu'il allait dire une sottise, le marguillier s'interrompit à temps, et porta de nouveau son mouchoir à ses yeux arides.

— Eh bien ! Noirel, répliqua le bon curé

avec mélancolie, puisque c'est l'amour, il faut marier nos deux enfants; vous savez bien que ç'a toujours été mon rêve. Ma nièce doit aimer votre fils....

— Toute vanité paternelle à part, monsieur le curé, je vous le demande, comment ne l'aimerait-elle pas? connaîtriez-vous dans la paroisse beaucoup de garçons plus galamment tournés? De l'esprit, de la jeunesse, un nom honorable, une éducation brillante, une belle position sociale, chantre au lutrin, maître d'école, marguillier en fleur : avec un peu plus d'embonpoint, Claude serait un cavalier accompli. Le bonheur fera ce miracle.

— Oui, ajouta François Paty, comme en se parlant à lui-même, c'est un cœur droit, et une âme honnête; je sens que je lui confierai sans effroi mon unique trésor en ce monde. En effet, comment ne s'aimeraient-ils pas? Ils ont grandi et se sont élevés ensemble. Mais, Noirel, ne pensez-vous pas, comme moi, que Catherine est bien jeune encore?

— Bien jeune, monsieur le curé! savez-vous qu'au dernier hiver, il y a eu vingt ans que vous êtes venu vous installer dans la cure de ce village?

— Vingt ans! s'écria François Paty avec stupeur; ces vingt années ont passé comme un songe. Je vous avoue, Noirel, que je ne me croyais pas si vieux. Vous avez raison, mon ami, il n'y a plus à reculer, il faut marier ces deux enfants; je n'ai guère de temps à rester sur la terre, et je ne dois pas en partir avant d'avoir assuré la destinée de ma bien-aimée nièce. Voisin, j'ai foi en votre fils; je ne sais pas s'il a tous les agréments que vous dites, mais je lui ai reconnu de tout temps des qualités solides, sur lesquelles la fille de ma sœur pourra s'appuyer pour traverser la vie. Je le répète, ce mariage m'a toujours agréé, il comblera mes vœux les plus chers. D'où vient cependant qu'à cette heure je sens mon cœur moins près de la joie que de la tristesse? Voyez, je crois que je pleure en vous en parlant. Que voulez-vous? cette petite fille était dans mon existence un enchantement de tous les instants, la gaîté de ma table et de mon foyer, le sourire de ma vieillesse, une bénédiction sous mon humble toit; et quand je songe que je ne la verrai plus rôder autour de moi du matin au soir, eh bien! c'est vrai, Noirel, je ne puis m'empêcher de pleurer. Ainsi, ajouta-t-il en promenant autour de lui un long regard, encore qnelques semaines, et cette maison sera pareille à un buisson sans nid, à une cage sans oiseaux !

— Eh mon cher monsieur Paty, s'écria le marguillier qui triomphait en secret, vous oubliez que nous demeurons porte à porte. De votre fenêtre vous pourrez voir la petite fée broder à la croisée de sa nouvelle chambre; du fond de votre jardin vous entendrez encore son gai ramage. Elle continuera de parer l'église, comme par le passé, les dimanches et les jours de fête. Nous dînerons chez vous, en famille, quatre fois la semaine, et l'hiver nous passerons toutes nos soirées au coin de votre feu. Nous ferons si bien que vous ne vous apercevrez même pas que Catherine ait changé de logis.

— C'est égal, Noirel, s'écria le vieux pasteur en secouant tristement la tête, ce ne sera plus la même chose.

— Et puis, monsieur le curé, pensez à la joie de baptiser vos petits neveux et de voir tout une couvée de frais lutins pousser autour de vous et vous tirer par le pan de votre soutane. Comme ils vous aimeront! et comme vous les gâterez! Que de jolies surprises vous leur ferez, sans compter celles du jour de l'an! Une veste par-ci, une culotte par là; je jurerais que vous les comblerez. Et quel tableau patriarcal ne sera-ce pas que de les voir, le soir, à la veillée, rangés en cercle autour de votre chaise, écoutant votre sainte parole, tandis que la bonne Marthe tricotera des bas de laine pour leurs petits pieds! Jamais, non, jamais vous n'aurez été si heureux.

— C'est égal, répéta François Paty, ce ne sera plus la même chose. Allons, s'écria-t-il, qu'importe au vieux mur près de s'écrouler le dernier rayon qui le dore? Au vieux chêne déraciné, et qui doit tomber au premier coup de vent, qu'importe la fauvette qui chante sur ses rameaux flétris? Noirel, préparez votre fils au bonheur qui l'attend; avant qu'un mois soit écoulé, Claude sera le mari de ma nièce.

A ces mots, le marguillier se retint pour ne pas presser son curé dans ses bras. Quand ils se séparèrent, Claude et Catherine n'étaient pas encore rentrés; ils veillèrent chacun de son côté en les attendant,

François Paty triste et rêveur, maître Noirel ne se sentant pas d'aise, et supputant déjà ce que pouvaient, bien exploitées, rapporter, bon an mal an, les broderies de la petite fée.

Le pasteur commençait à s'inquiéter de l'absence prolongée de sa nièce, lorsqu'il entendit le pas d'Annette qui battait le pavé de la cour, et presqu'aussitôt il vit entrer Catherine, si belle, qu'après l'avoir embrassée, il resta muet à la contempler. En effet, l'amour et le bonheur illuminaient sa beauté d'un éclat inaccoutumé. Elle avait passé, en moins d'une heure, des grâces de l'enfance à l'épanouissement de la jeunesse. Ce n'était plus la petite fée ni la petite vierge; c'était une jeune et noble créature dont l'âme vient enfin de s'ouvrir à la vie. Elle paraissait enveloppée de cette chaude atmosphère qu'on voit rayonner au-dessus des champs pendant les chaleurs de l'été. Son sein était ému. Une humide clarté baignait le velours de ses yeux. Toutes les joies de son être resplendissaient sur son front et sur son visage. Au milieu de tout cela, quelque chose du naïf étonnement de Psyché, quand elle a reçu le premier baiser de l'Amour. Il était tard : François Paty remit au lendemain ce qu'il avait à dire, et Catherine, se dérobant aux empressements de Marthe, alla s'enfermer dans sa chambre, plus triomphante qu'un avare qui vérouille sa porte et se dispose à couver des yeux son trésor. Son premier mouvement, quand elle se vit seule, fut de s'agenouiller et de remercier Dieu dans son cœur. Qu'attendait-elle de l'avenir ? Elle aimait et se sentait aimée. Cette enfant n'en demandait pas davantage.

Une heure après, Claude rentrait dans le village, plus sombre que d'habitude, mais cette fois grave et résolu. Il alla droit à son gîte, sans s'arrêter sous la fenêtre de la jeune fille, ainsi qu'il avait coutume de le faire. Pour gagner sa chambre, il devait passer nécessairement par celle de son père; d'ailleurs celui-ci le guettait au retour. Aussitôt qu'il l'aperçut:

— Te voici fainéant ! lui cria-t-il. Tu es bien heureux d'avoir un père qui fasse tes affaires, tandis que tu cours la pretantaine. Que me donneras-tu, vaurien, si dans un mois tu épouses la nièce de notre curé ?

— Mon père, repartit Claude avec fermeté et d'un air qui ne manquait ni de noblesse ni de dignité, je prends ici l'engagement formel de remplir désormais mes devoirs avec la plus rigoureuse exactitude et de me conduire de façon qu'à compter de cette heure, vous n'ayez jamais à vous plaindre de votre fils. Je ferai ma classe régulièrement, et, s'il m'est arrivé de scandaliser mes jeunes élèves par mes distractions, je prétends les édifier en leur donnant l'exemple de l'application et de l'assiduité. Là ne se borneront pas mes efforts pour vous plaire, Je tâcherai de retrouver au lutrin cette voix qui a fait quelque temps votre orgueil. Je ne tendrai jamais la main pour obtenir de vous un rouge liard. Je mange peu; je mangerai moins. J'userai mes vieux habits jusqu'à la ficelle. J'irai pieds nus, si cela vous convient. Pour prix de ma soumission, je ne demande qu'une chose : c'est que vous me laissiez tranquille et ne me parliez jamais de me marier.

Cela dit, le brave garçon passa gravement dans sa chambre, laissant son père frappé d'autant de stupeur que si, en éventrant sa paillasse, il n'y trouvait plus ses écus.

— Tu te marieras, pendard ! cria-t-il à travers la cloison.

— Je ne me marierai pas, répondit Claude en se déshabillant.

— Je te dis que tu te marieras !

— Je vous dis, moi, que je ne me marierai pas.

— J'ai donné ma parole !

— Vous la retirerez.

— Je te déshériterai !

— Deshéritez, papa.

— Je te donnerai ma malédiction !

— Bon ! dit Claude en se fourrant au lit, vous ne mourrez pas sans m'avoir donné quelque chose.

Le papa Noirel lança encore quelques obus qui allèrent mourir au chevet de Claude sans que celui-ci prît seulement la peine de riposter au feu paternel, si bien que, de guerre lasse, le marguillier, fou de colère, dut finir par s'aller coucher.

Le lendemain, au point du jour, Catherine était déjà éveillée et debout. Tout reposait encore au village et au presbytère.

S'étant habillée à la hâte, elle sortit sans bruit de la cure et gagna les champs d'un pas léger. Elle vit le soleil se lever, et il lui sembla qu'elle assistait pour la première fois aux magnificences de son réveil. Elle prêta l'oreille aux vagues rumeurs qui montaient du creux du vallon, et il lui sembla qu'elle entendait pour la première fois les concerts de la nature. Elle aspira les émanations embaumées qui se dégageaient du flanc des côteaux, et il lui sembla qu'elle les respirait pour la première fois. A voir ses transports et ses enchantements, on eût dit qu'à coup sûr elle était éclose, comme une fleur, pendant la nuit, ou que tout au moins de nouveaux sens venaient de se révéler en elle subitement. Telle, échappée des mains de Dieu, Ève dût mêler son âme à celle de la jeune création. Elle arriva, sans y songer peut-être, au carrefour où la veille, à la lueur des étoiles, elle avait dans un seul mot fait don de sa vie tout entière. Là, elle s'assit au bord d'un fossé, et, comme un enfant qui se penche sur un ruisseau pour y regarder son image, elle se pencha sur son cœur pour y regarder l'image de Roger.

Elle était bien trop heureuse pour pouvoir se soupçonner coupable. Comment aurait-elle pu se défier d'un sentiment qui la rehaussait à ses propres yeux et qui ne faisait qu'exalter les plus nobles instincts de son être? Comment aurait-elle pu ne pas supposer que ce sentiment lui venait du ciel? Elle le croyait, elle avait raison de le croire. Il ne lui vint pas seulement à l'idée qu'elle dût s'en taire ni s'en cacher. Aussi, quand le soleil eût commencé de raccourcir l'ombre des arbres, se leva-t-elle pour aller tout dire à son oncle, plus joyeuse et non moins sereine que si elle allait lui montrer un diamant qu'elle aurait trouvé dans l'herbe du chemin.

Elle arriva ainsi à la cure ; mais en présence de François Paty qui se promenait pensif dans les allées de son jardin, elle chercha vainement des paroles pour exprimer ce qui de loin lui paraissait si facile à dire, et, rougissant, hésitant, balbutiant, elle ne sut que tomber dans les bras qui s'ouvrirent pour la recevoir.

Avec quelque expérience de la passion,

le pasteur aurait compris en cet instant ce qui se passait dans le cœur de sa nièce; mais il n'avait jamais connu qu'un amour, le bel amour de Dieu, et, habitué qu'il était aux chastes effusions de cette nature tendre et caressante, il ne soupçonna rien, il ne vit qu'un élan de tendresse accoutumée dans le mouvement qui venait de jeter Catherine éperdue sur son sein. Il l'entraîna sous un berceau de houblon et de chèvre-feuille, puis, s'étant assis auprès d'elle, il lui prit les deux mains et demeura quelques secondes à la regarder en silence, d'un air triste et doux. La jeune fille ne douta pas qu'elle ne fût devinée déjà : elle croyait l'univers entier dans le secret de son bonheur. Tremblante, non de peur, mais de joie, elle attendit en souriant l'arrêt de son juge. Que pouvait-elle redouter? Sa conscience était aussi pure que le ciel, et, depuis qu'elle aimait Roger, tout ce qu'elle aimait auparavant lui était devenu plus cher.

— Ma fille, dit enfin le pasteur, quand ta mère mourut, je te pris toute petite dans mes mains, et, t'offrant à Dieu, je le priai de te bénir. Il faut que ma prière soit montée jusqu'à lui, à moins que déjà tu ne fusses marquée du sceau de la grâce divine. Je t'ai vue croître comme un lys; ma demeure s'est embellie de la sérénité de ton front et de la blancheur de ton âme. Ta présence, mieux que ma piété, a fait ce toit agréable au Seigneur. O mon enfant! ne t'étonne donc pas si je te parle avec tristesse de ce qui doit assurer ton bonheur. Comment pourrait-il être un jour heureux pour ton vieil oncle, le jour où tu quitteras sa maison ?

— Vous quitter, mon oncle ! s'écria Catherine. Ah ! quel qu'il soit, fi du bonheur qui pourrait me séparer de vous !

— Tu m'aimes donc un peu ? tu m'es donc un peu attachée ? demanda François Paty plus ému et plus attendri qu'il n'aurait voulu le laisser paraître.

— O mon ami ! mon père ! s'écria la jeune fille en lui jetant ses deux bras au cou, et en appuyant ses lèvres purpurines sur la neige de sa chevelure. Vous demandez si je vous aime ! Qu'avez-vous contre moi et que vous ai-je fait pour me parler ainsi ?

— Dieu m'est témoin que je n'ai jamais douté de toi, aimable jeune cœur ! Mais, ma Catherine, tu n'es plus une petite fille, et le ciel ne veut pas que ta destinée se consomme à l'ombre de ce presbytère. Tu as d'autres joies à connaîtres et d'autres devoirs à remplir. En un mot, puisque vous vous aimez, il faut pourtant bien vous marier, mes enfants.

— Nous marier, mon oncle! s'écria la petite Vierge qui sentit à ce mot tout son sang lui monter au visage.

— Oui, sans doute, répliqua le vieillard.

— Oh! je comprends à cette heure, ajouta Catherine, ce que je vous ai souvent entendu dire au prône, que le mariage est saint et qu'il nous vient de Dieu. S'aimer, s'unir à la face du ciel, se prendre l'un l'autre par la main pour traverser les jours bons et mauvais, ne se quitter jamais, mettre tout en commun, se soutenir dans l'infortune, s'améliorer, s'encourager au bien, chercher ensemble le bon et le beau, le vrai et le juste ; arriver ainsi au même but par le même chemin, pour s'unir plus étroitement encore et achever de se confondre dans le sein de la divinité : oh! mon oncle, vous avez raison, c'est tout ce qu'on peut voir de plus adorable et de plus divin sur la terre. Mais, ajouta-t-elle presque aussitôt — et toutes les anxiétés de son âme se peignirent dans son regard, — est-ce que vous pensez que son père y consentira?

— Enfant! répondit François Paty avec un sentiment de tendresse et d'orgueil, qui ne serait heureux et fier de pouvoir t'appeler sa fille? Jeune ange, qui ne t'ouvrirait sa porte avec joie? Quelle famille ne s'empresserait pour te faire place au foyer domestique, pieuse et charmante créature?

— Vrai, mon oncle, vous croyez qu'il y consentira?

— C'est fait, dit en souriant François Paty; quoiqu'un peu trop épris des biens de ce monde, c'est un bon homme au fond et qui ne veut que le bonheur de son fils. D'ailleurs, non seulement il y consent, mais c'est lui qui m'en sollicite.

— Lui, mon oncle!

— Lui-même.

— Et vous, et vous, mon oncle, vous le voulez aussi?

— Je veux que ma Catherine accomplisse sa destinée, répondit le pasteur en la baisant au front; je veux, en partant de ce monde, la sentir appuyée sur un cœur dévoué et fidèle.

— Oh! c'est un noble cœur! dit Catherine avec exaltation.

— Je le sais, je le sais, répliqua François Paty d'un ton de conviction profonde, c'est un honnête garçon qui fera un excellent mari. Quoi qu'en dise son père, je ne le crois ni beau ni brillant; mais je m'en réjouis plus que je ne m'en afflige. Il a des qualités essentielles; c'est, comme on dit dans le pays, de l'or en barre dans un morceau de bure.

A ces mots, la petite fée tressaillit et dressa les oreilles, comme au fond des bois une biche qui vient de voir remuer la pointe des bruyères.

— Je dois t'avouer, poursuivit le curé de

Saint-Silvain, que ce mariage était arrangé depuis longtemps entre son père et moi. Voici bien huit ans que Claude et toi, sans vous en douter, vous fûtes fiancés l'un à l'autre. J'augure bien de cette union. Pieux, rangés, laborieux, économes, il est impossible que l'Éternel ne bénisse pas votre petit ménage. C'est bien à toi, ma fille, d'avoir aimé ce bon Claude jusqu'à vouloir le prendre pour mari. Cela prouve que tu ne t'arrêtes pas à l'enveloppe et que tu vas au fond des choses. Tu as autant de raison que de grâce; tu es aussi prudente que belle. C'était d'ailleurs, dans ces campagnes, le seul parti qui convînt à ma Catherine. Vous êtes pauvres tous les deux, c'est vrai; mais il sont riches les pauvres gens qui s'aiment entr'eux, et qui, en même temps, chérissent Dieu et cherchent le travail. Travaillez, priez, aimez-vous, c'est tout le secret de la vie.

Il aurait pu parler ainsi jusqu'au soir sans courir le risque d'être interrompu. Ainsi qu'une colombe atteinte dans son vol et qui tombe des plaines azurées du ciel dans un fourré de ronces et d'ajoncs, la petite vierge, mortellement frappée, avait baissé la tête, et deux larmes roulaient le long de ses joues pâlissantes, comme deux perles humides sur les pétales d'un camélia. D'un seul regard elle avait mesuré l'abîme qui séparait la fiancée de Claude et le fils du comte des Songères ; en touchant la réalité, elle avait compris le néant de ses rêves et la folie de son amour.

— Eh bien! tu pleures et ne me réponds

plus, dit tout d'un coup François Paty en l'attirant doucement sur son sein.

Catherine cacha brusquement sa tête dans la poitrine de son oncle, et là, ne se contenant plus, elle laissa son désespoir s'épancher en ruisseaux de larmes.

— Qu'as-tu, enfant, qu'as-tu? s'écria le pasteur aux abois. Tout à l'heure ton cœur paraissait s'ouvrir à la joie, et voici qu'à présent il éclate en cris de détresse! Ai-je touché, sans le savoir, à quelque point douloureux de ton âme? As-tu des chagrins que j'ignore? Parle, parle, ma fille; confie-toi à ton vieil ami.

Catherine fut sur le point de tout avouer. Il était dans sa droite et franche nature de n'en pas agir autrement. Ses larmes en faisaient foi; la source en était transparente, et pour n'y pas découvrir l'amour épanoui comme un lotus au fond, il fallait tout l'aveuglement de ce simple et candide vieillard. Près de tout dire, elle en fut empêchée par la crainte de voir briser le dernier fil qui la rattachait à l'espérance. Et puis, pourquoi troubler, par des aveux tout au moins inutiles, la sécurité de cet homme angélique et la paix de ses derniers jours? Enfin, dans le cœur d'une jeune fille, le premier amour a des pudeurs si craintives et si mystérieuses, qu'il permet tout au plus à la main d'une mère de soulever le triple voile dont s'enveloppe en tremblant sa chaste nudité.

— Eh bien! mon oncle, s'écria-t-elle

enfin, toute réflexion faite, je ne veux pas me marier. Vous l'avez dit, Claude est un bon et honnête garçon; il m'aime, je l'aime bien aussi; mais il y a loin encore de l'amitié que j'ai pour lui au pieux amour que j'ai pour vous. Je crois qu'en effet mon ami Claude ferait un excellent mari, mais il ne m'est pas suffisamment démontré qu'il y ait en moi l'étoffe d'une excellente femme, et puisque je passe généralement pour une bonne petite fille, j'aurais tort d'abandonner un rôle que je remplis au gré de l'assistance, pour en prendre un autre où je pourrais avoir moins de succès. Ce n'est pas votre avis? Ecoutez, je sens que je mourrais d'ennui sous le toit de M. Noirel. Laissez-moi ici comme par le passé. Est-ce que je vous gêne, mon oncle? Allez, si je n'étais plus là, vous trouveriez la maison bien grande ; nous aurions beau vivre porte à porte, ce ne serait plus la même chose, et vous seriez en deuil des joies de votre vie. Ce n'est pas vrai, mon oncle, ce que je vous dis là? Ce n'est pas vrai que, quand vous n'auriez plus votre petite fée au logis, il vous manquerait quelque chose? Et puis, voyez-vous, je ne sais vraiment pas si je suis née pour les félicités du ménage. J'aime trop le grand air, les champs, la liberté. Tenez, décidément, la petite fée ne se mariera pas.

— Mais, ma fille, ne put s'empêcher de lui faire observer François Paty, il me semble que tout à l'heure tu ne tenais pas ce langage?

— Tout à l'heure, mon oncle?... que disais-je donc tout à l'heure?

Et, brisée par la contrainte qu'elle venait de s'imposer, la malheureuse enfant se reprit à pleurer. Mais vainement le pasteur insista, vainement il objecta qu'il avait engagé sa parole, vainement il représenta à sa nièce qu'il se faisait vieux, qu'il pouvait mourir d'un instant à l'autre, et que, le cas échéant, il la laisserait sans aide et sans appui, Catherine tint haut et ferme la bannière de la petite vierge. Sur ces entrefaites, on vit apparaître au bout d'une allée le museau du papa Noirel qui, ne sachant à quel saint se vouer, et croyant François Paty absent de la cure, venait supplier la jeune fille de se joindre à lui, nouvelle Aricie, pour triompher des dédains et des résistances du nouvel Hippolyte. En s'apercevant l'un l'autre, le curé et le marguillier se troublèrent, car ils commençaient à comprendre qu'assez pareils à l'homme de la fable qui a vendu la peau d'un ours avant de l'avoir tué, ils s'étaient engagés à mettre deux oiseaux dans la même cage avant de les avoir pris au piège. Or, comme ils ne savaient pas qu'ils étaient tous deux dans le même cas, ils s'abordèrent d'un air passablement embarrassé, le marguillier se frottant le menton, le curé se grattant l'oreille. Catherine s'était envolée. De détours en détours, ils en vinrent enfin à de mutuelles confidences, et le bon curé, qui n'était pas fâché au fond de garder sa nièce quelque temps encore avec lui, se mit à rire de bon cœur du dénoûment de l'aventure.

— Ainsi, s'écria-t-il gaîment, Claude ne

veut pas de Catherine, et Catherine ne veut pas de Claude! A ce compte, il ne manquera guère à la noce que les deux époux. Allons, Noirel, ne vous affligez pas pour si peu. Ne voyez-vous pas bien qu'il y a là-dessous quelque querelle de jeunes amoureux et qu'autant en emporte la brise? Avant qu'il soit un mois, avant qu'il soit huit jours, qui sait? peut-être avant que le coq du clocher ait tourné sur sa flèche, ces folles têtes auront changé d'avis.

— Monsieur le curé, répliqua le marguillier qui ne riait guères, vous ne connaissez point mon fils. Je ne pense pas qu'il y ait dans les trois royaumes un mulet plus têtu que ce malheureux Claude. Quand il s'accroche à une idée, — je dois reconnaître que ces accidents se présentent bien rarement, — le diable en personne ne parviendrait pas à l'en démarrer.

— Vous allez voir, dit François Paty, que dame Nature a pris la peine de pétrir monsieur votre fils d'un ciment tout particulier! J'ai lu je ne sais où, quand j'étais jeune, voici bien longtemps! j'ai lu ou je me suis laissé dire que, lorsque deux amants sont en guerre, c'est le cas d'allumer les cierges et de commander le sacristain. En vérité, Noirel, ce n'est pas là-dessus que le curé devrait en remontrer à son marguillier.

A ces mots, étant monté sur Annette, qu'il avait équipée lui-même tout en jasant, il partit au pas du pacifique animal, pour aller visiter deux ou trois de ses paroissiens. A peine sorti du village, il avait oublié déjà ce qui venait de se passer, et il allait, rêveur et souriant, écoutant son âme qui s'entretenait en silence avec la nature et son Dieu.

Cependant Marthe était au lavoir et Catherine se trouvait seule au presbytère. Ainsi qu'il en avait la veille pris l'engagement solennel vis-à-vis de son auguste père, Claude faisait bravement sa classe ; il avait déjà mis à genoux, au milieu de la salle et décorés de superbes oreilles d'âne, une demi-douzaine de polissons qui, comptant sur les distractions habituelles du maître, s'étaient livrés étourdiment à la gaîté de leur âge et à l'aimable folie de leur caractère. Quoique la tête de Catherine se montrât de temps en temps à la fenêtre de la cure, le stoïque jeune homme n'avait pas une seule fois entr'ouvert sa porte ni collé son front brûlant contre la vitre. Un seul instant on le vit pâlir et tressaillir en entendant le galop d'un cheval qui s'arrêta sur la place de l'église. L'école, qui guettait avec impatience cet instant de faiblesse et d'oubli, se leva en masse pour en profiter; mais, ressaisissant aussitôt d'une main vigoureuse les rênes de sa volonté, Claude cloua d'un regard olympien tous ses disciples sur leurs bancs. C'est ainsi qu'en ce jour la Muse de l'alphabet rentra victorieuse dans le sanctuaire d'où l'Amour, seigneur aux bras croisés, ainsi que l'appelle Shakespeare, l'avait trop longtemps exilée.

Ce cheval qui venait de s'arrêter sur la place de l'église, à la porte du presbytère, on l'a bien deviné, c'était le cheval de Roger.

Roger arrivait ivre de joie ; il fut reçu dans le jardin par Catherine ivre de douleur, calme pourtant, et déjà forte de la résolution qu'elle avait prise sans hésiter, ainsi que le voulait sa pieuse et honnête nature.

— O mon Roger ! lui dit-elle aussitôt après s'être assise auprès de lui sur ce même banc de gazon où s'était écroulé, comme un palais de brume, l'édifice gracieux d'un bonheur qui comptait quelques heures à peine ; ô mon Roger, il faut nous séparer; nous nous voyons ici pour la dernière fois. Je vous ai dit hier que je vous aimais. C'est la vérité, je vous aime. Comment aurais-je pu m'en défendre? Je ne savais rien, je ne prévoyais rien; je vous aimais, et quand je vous l'ai dit, je ne me l'étais pas encore dit à moi-même. Je vous l'ai dit, je ne m'en repens pas. Si Dieu lit dans mon sein, sûrement il est content de moi; s'il m'écoute, c'est sans colère. Partez cependant, il le faut. Je ne suis pas coupable en vous aimant; je le serais en ne cessant point de vous voir. Si nos âmes sont sœurs, nos destinées ne sont pas pareilles. Vous êtes fils du comte des Songères, vous êtes noble, riche; vous êtes tout, hélas! et moi je ne suis rien. Adieu donc, jeune ami presqu'aussitôt perdu que rencontré! Gardons ainsi à notre amour son innocence et sa pureté, pour que votre cœur s'en souvienne et pour que le mien ne puisse jamais en guérir.

— Catherine, répondit Roger, je ne sais pas si je suis noble et riche; j'ignore si vous ne l'êtes pas. Quoique vous ayant précédée dans la vie, j'y suis à peu près étranger, pour le moins autant que vous-même. Ce que j'en sais pourtant, laissez-moi vous le dire. Ma mère mourut que j'échappais à peine au berceau. Je me suis élevé tristement loin de ma patrie; j'ai grandi sans qu'un regard de mon père ait jamais caressé mon front, sans qu'il m'ait été donné de recueillir un mot affectueux sur ses lèvres. Mon père se remaria, et dans sa nouvelle famille je ne fus qu'un hôte importun. En me retrouvant libre au milieu de ces pauvres campagnes dont je n'avais conservé qu'un vague souvenir, je pensai que j'allais vivre enfin. Mes bras s'ouvrirent dans une folle ivresse, mais je n'embrassai que le vide ; et cette liberté que j'avais saluée avec des cris de joie, ne servit qu'à me faire sentir avec plus d'amertume l'isolement de ma jeunesse. C'est alors que vous m'êtes apparue par une journée de mai. Vous pleuriez ; je crus voir naître le printemps sous la rosée qui tombait de vos yeux. Votre voix passa sur mon cœur comme la brise sur les hautes herbes où mes chiens venaient de vous faire lever comme un faon. Quand vous vous prîtes à sourire, la nature entière se prit à sourire avec vous. Vous ne m'étiez d'abord apparue que comme un enfant ; j'avais cru n'admirer en vous que les grâces naïves des premiers jours de l'adolescence. Cependant, à mon insu, je peuplai ma solitude de votre image ; sans m'en douter, je la mêlai à toute la création. Dès lors les champs me révélèrent des mystères et des enchantements que je n'avais jamais soupçonnés. J'écoutai : il me sembla comprendre ce que le vent disait aux bois, la Creuse à ses rives, l'alouette à l'aurore, le rossignol à la nuit. Je vous revis, et bientôt cet amour qui s'agitait en moi, sans se connaître ni trop savoir encore où se poser, s'abattit sur vous qui l'aviez éveillé. Je vous aimai. A mon tour, comment aurais-je pu m'en défendre? Vous aviez la grâce et la beauté qui font la piété plus douce; vous aviez la piété qui fait plus charmantes la grâce et la beauté. Je n'avais auparavant sur toutes choses que des idées confuses et des notions incertaines : en même temps que le bonheur, vous m'enseignâtes la vertu. En vous aimant, j'appris à aimer Dieu et les pauvres qui sont ses enfants de prédilection. En touchant mon cœur, vous en fîtes jaillir du même coup les sources de la tendresse et celles de la bienfaisance. Ce n'est pas vous seulement que j'aimai ; tout ce qui vous entourait me devint cher et sacré. J'en arrivai insensiblement à ne plus vivre que de votre vie. J'aimai ce village, la maison qui vous abritait, l'église où je priais pour vous. J'aimai surtout votre oncle d'une affection peu commune. Pour ajouter à tant de charme, c'est près de vous que j'entendis parler de ma mère, et je vous enveloppai toutes deux dans un même sentiment de respect et d'adoration. Ainsi tout était changé dans mon existence. J'avais une famille, j'aimais, j'étais aimé, car je sentais déjà sous mon amour le vôtre germer en silence. Et maintenant que je l'ai vu s'épanouir sur votre bouche et que rien désormais ne manque à mes félicités, vous voulez que je parte pour ne plus revenir ! vous parlez de nous séparer ! Catherine, si vous m'aimez, dites, comment se peut-il faire que vous me parliez de la sorte ?

— O mon ami, reprit Catherine, qu'est-ce donc que l'amour, si je ne vous aime pas ? Ma vie date du jour où je vous vis pour la première fois. Je ne savais ni qui vous étiez ni si je devais vous revoir ; et cependant je sentis aussitôt tout mon être passer dans le vôtre. Votre image souriante s'attacha à mes pas. Le son de votre voix était resté dans l'air ; dans l'azur du ciel je retrouvai le bleu de vos regards. Vous m'aviez dit votre nom, et dès-lors j'entendis à toute heure ce doux nom chanter dans mon cœur. Il est bien vrai que jusqu'à présent je n'étais guère qu'une enfant. En vous revoyant, mon âme s'éleva, mon esprit s'agrandit, et je compris que j'étais prête pour la joie et pour la douleur. Je vous revis, et je cessai tout-à-fait de m'appartenir. Vous attendre, vous voir, puis vous attendre encore, ce fut toute mon existence. Je n'existai qu'en vous, que par vous, que pour vous, et pourtant je me pris à chérir avec une nouvelle ardeur tout ce qui m'était déjà cher. Il y avait en moi comme un foyer d'immense charité, dont vous étiez le centre lumineux, et qui aurait voulu pouvoir rayonner sur le reste du monde. O mon ami! si je ne vous aime pas, dites, ah! dites-moi, qu'est-ce donc ce que vous appelez l'amour?

Tandis qu'elle parlait, Roger la regardait avec une expression de tendresse indicible, et, à le voir ainsi la contemplant et l'écoutant dans une muette adoration, on eût dit qu'il recueillait une à une, comme des perles, dans son cœur, les paroles qui tombaient des lèvres de cette aimable créature.

— Vous m'aimez, répliqua-t-il avec tristesse; mais vous reconnaissez que vous pouvez vivre sans moi.

— Je n'en sais rien, répondit-elle. Je n'ai jamais fait l'essai de mes forces. Peut-être suis-je encore bien jeune pour mourir. Et puis, pensez à mon vieil oncle. D'ailleurs, en vous perdant, je ne perdrai pas mon amour; j'en vivrai jusqu'à ma dernière heure, et je le rendrai à Dieu, aussi jeune, aussi pur que je l'aurai reçu.

— Mais, Catherine, demanda le jeune homme, vous ne voulez donc pas vous marier?

— Jamais, Roger, jamais.

— Cependant, reprit-il en se laissant glisser le long du tertre où la jeune fille était assise, si je m'agenouillais à vos pieds, si je prenais vos deux mains dans les miennes, et là, si, ma vie tout entière suspendue à l'un de vos regards, je vous disais d'une voix suppliante : Devant Dieu et devant les hommes, voulez-vous être ma femme? Répondez, Catherine, ne le voudriez-vous pas?

En parlant ainsi, il s'était agenouillé aux pieds de la petite vierge ; il avait pris ses deux mains dans les siennes; sa voix était suppliante, et sa vie tout entière paraissait suspendue aux regards de la belle enfant.

— Votre femme, ô mon Dieu! murmura Catherine d'une mourante voix.

— Ma femme! oui, ma femme! ma femme bien aimée! répétait Roger en couvrant de baisers passionnés les mains et les genoux de la jeune éperdue.

Comme un arbuste trop frêle qui ploie sous la pluie, dont ses rameaux étaient altérés, Catherine avait penché sa tête sur le front de son jeune amant; mais la relevant aussitôt et s'arrachant, pâle et tremblante, aux étreintes qui l'enlaçaient :

— Partez, partez! s'écria-t-elle. Pourquoi me laisser entrevoir une destinée pour laquelle je ne suis pas née? Ah! Dieu m'est témoin que je n'y songeais pas. Vous le savez, Seigneur! vous savez que mon ambition ne s'est point égarée si haut. Vous savez qu'en l'aimant je ne demandais rien, pas même son amour. Partez, Roger! partez, vicomte des Songères! Que peut-il y avoir de commun entre vous et la nièce d'un pauvre curé de village?

— Catherine! s'écria le jeune homme avec fermeté, il n'y a ici que deux enfants qui s'aiment et qui déjà se sont unis à la face du ciel. Répondez-moi donc franchement, sérieusement, ainsi qu'il sied à la loyauté de votre caractère; répondez-moi comme si nous étions nés tous deux dans un château ou sous un toit de chaume. Je crois que mon bonheur est en vous; de votre côté, pensez-vous que votre bonheur soit en moi?

— Mais, Roger, cela ne se peut pas. Je sais bien des choses que vous ignorez. Rappelez-vous ce que mon oncle nous disait un soir que nous nous promenions tous trois sur le bord de la rivière. Je ne doute point de votre sincérité; je crois que vous m'aimez assez pour vouloir faire de moi la compagne de vos jours. Soyez-en béni mille fois! Peut-être n'étais-je pas trop indigne d'une félicité si grande. Mais, je vous le répète, cela ne se peut pas. Vous devez assez connaître votre père pour comprendre dès à présent...

— Mon père n'a rien à voir ici, s'écria fièrement Roger en interrompant Catherine. S'il a sa volonté, j'ai la mienne. Je suis libre et je le prouverai. Encore une fois, répondez, comme si vous et moi nous n'avions pour juge et pour maître que

Dieu qui nous voit et qui nous entend.

— Je vous aime, répondit Catherine.

— M'estimez-vous assez pour me confier le soin de votre vie? Vous plairait-il de partager ma destinée, heureuse ou fatale, sereine ou tourmentée? Enfin, me voulez-vous pour mari, comme moi, je vous veux pour femme?

— Je vous aime, répéta Catherine avec une douce assurance.

— Viens donc sur mon cœur, ma jeune et belle épouse! s'écria Roger en enveloppant de ses bras caressants le corps souple et flexible de la petite fée.

Catherine appuya sa tête languissante sur le sein de Roger, et celui-ci, abaissant sur elle un regard protecteur, parut, dans le rayon de soleil qui se jouait autour de son front, comme un ange abritant sous ses ailes la créature que Dieu vient de lui donner à garder.

Ils avaient repris leur place sur le banc de gazon; ils y restèrent jusqu'au soir, les mains entrelacées, à mêler leurs chastes transports et à composer ensemble le poëme de leur destinée. Que de jolis projets et que de riantes espérances! Ils étaient là, tous deux jeunes et beaux, amoureux et charmants, s'emparant de l'avenir, le disposant au gré de leur fantaisie, s'interrompant pour se regarder ou pour se répéter qu'ils s'aimaient, pareils à deux oiseaux qui font leur nid tout en se becquetant le long des buissons. Roger se croyait riche par sa mère; il ne doutait pas que le comte des Songères, avant de partir pour l'Allemagne, ne lui laissât la propriété de Bigny, trop heureux de pouvoir à ce prix se débarrasser en même temps de son fils et des comptes de tutelle qu'il avait à lui rendre. C'était là, dans ce domaine où ils s'étaient rencontrés et vus pour la première fois, qu'ils se promettaient de cacher leurs tendresses et de vivre ignorés, loin du monde, sans bruit, faisant du bien autour d'eux. Catherine serait près de son oncle qu'elle visiterait tous les jours. D'ailleurs Roger parlait déjà de faire bâtir à Bigny une église et un presbytère où François Paty viendrait habiter. Catherine n'y voyait point d'empêchement. Tout paraissait facile à ces heureuses imaginations. On congédiait Robineau, non par esprit de vengeance, mais parce que le vieil intendant était dur aux pauvres et inhospitalier. On installait Paquerette au château. Le père Radigois mettait la poule au pot tous les dimanches et n'avait plus rien à démêler avec messieurs les huissiers. Le vicaire était comblé de soutanes et de surplis neufs. Le bon saint Sylvain, qu'on ne se lassait pas de bénir, car il était la cause de tout ce qui venait d'arriver, le bon saint Sylvain avait une magnifique bannière de velours à franges d'argent. Les carpes et les oies pleuvaient dans la cuisine de la bonne Marthe. Claude et le papa Noirel n'étaient pas oubliés. Le père héritait de la charge de Robineau, et le fils passait marguillier d'emblée. Annette enfin, la fidèle Annette avait de la paille jusqu'au poitrail et de l'avoine jusqu'aux yeux. Ce n'est pas tout. On changeait les conditions du sol, on améliorait la culture. Le pays, qui jusqu'alors n'avait produit que du sarrasin, des châtaignes et du colza, se couvrait de mûriers, de vignes et de blé froment; je crois même qu'on y voyait par-ci par-là quelques orangers. Bref, on réalisait à dix lieues à la ronde tous les rêves de l'âge d'or. L'avis de Catherine était que, sans plus tarder, il fallait tout dire à son oncle. Mais Roger pensa qu'il était plus sage de ne se confier à lui qu'après le retour de son père, quand les obstacles seraient levés et qu'il ne resterait plus au pasteur qu'à bénir l'amour de ses deux enfants. On s'épargnerait ainsi bien du trouble de part et d'autre. Quoiqu'il lui répugnât de se cacher de son vieil ami, Catherine finit par céder aux raisons que lui donnait Roger. D'ailleurs, le comte des Songères étant attendu aux premiers jours, ce mystère ne devait guère se prolonger au-delà d'une semaine. Si Roger omit de parler de sa tante et de sa cousine, on pourrait croire que ce fut par crainte d'alarmer sa fiancée; le fait est qu'il n'y songea point et que la pensée des dames Barnajon n'altéra pas un seul instant la sérénité de son cœur. Il partit avant que Marthe et le curé fussent de retour. Catherine courut à la fenêtre de sa chambre pour le voir passer à cheval. Ils se dirent encore adieu du geste et du regard, puis, quand le jeune homme eût disparu au bout du sentier, la petite vierge retourna au fond du jardin, bien heureuse à coup sûr, triste pourtant, car son bonheur était trop grand pour n'être pas mêlé d'inquiétude.

Elle était plongée depuis près d'une

heure dans une rêverie demi souriante, quand elle entendit les feuilles remuer autour d'elle, et, en tournant la tête, elle aperçut Claude qui la regardait. Comme elle pensait que c'était lui qui avait poussé son père à la demander en mariage, elle ne se gêna point pour lui en exprimer vertement son humeur.

— C'est toi! lui dit-elle aussitôt. Je suis bien aise de n'avoir pas à garder plus longtemps ce que j'ai depuis ce matin sur le cœur. D'abord je te déclare que je ne veux pas de toi pour mari. Ensuite, j'estime qu'au lieu de t'adresser à ton père et à mon oncle, tu aurais dû commencer par prendre mon avis. Enfin, je dois t'avouer que je suis lasse de tes obsessions et de tes importunités. Que veux-tu? on ne voit que toi! on ne peut plus faire un pas sans te rencontrer! tu es partout, excepté dans ta classe.

— Catherine, répondit Claude avec douceur, il me semble que tu es bien cruelle pour ton camarade d'enfance.

— C'est vrai, j'ai tort, pardonne-moi, dit-elle en lui tendant la main. Mais aussi quelle idée t'a passé par la tête de vouloir m'épouser! Je te demande un peu ce que cela pourrait ajouter à notre affection. Ne suis-je pas ta sœur et n'es-tu pas mon frère! Depuis quand se marie-t-on entre frère et sœur? Voyons, sois raisonnable. Je ne suis pas ce qui te convient. Il te faut, à toi, ce qu'on appelle, là, une belle femme, la grande Nanette, par exemple : à la bonne heure! voilà qui t'irait. Moi, je suis bien trop mince et trop petite. Je ne te ferais aucun honneur et l'on en gloserait dans le pays. Tiens, regarde : c'est tout au plus si je puis te donner le bras. On ne manquerait pas de dire que tu as épousé la fée Nabotte. Et puis, sois franc. La main sur ton cœur, est-ce que c'est de l'amour, ce que tu sens pour moi ? Laisse donc ! je t'avertis que, de mon côté, je n'en ai pas l'ombre pour toi, à moins pourtant que l'amitié ne soit l'ombre de l'amour, comme je le crois.

— Je le sais bien, répondit Claude d'un air résigné ; je sais, Catherine, que tu ne m'aimes pas. Aussi n'est-ce pas moi qui t'ai fait demander par mon père à ton oncle. On ne m'avait pas consulté. Bien mieux, j'ai signifié tout net que je ne voulais pas me marier. Tu viens de m'appeler ton frère. Écoute donc, ma sœur, ce que je suis venu te dire, car nous nous verrons rarement désormais, et tu n'auras plus à te plaindre de mes obsessions et de mes importunités. Je suis venu pour te dire adieu, Catherine. Non que je sois déjà prêt à partir; mais je vais me retirer de ta vie, jusqu'à ce que j'en disparaisse tout-à-fait. Quand tu seras heureuse et que le pauvre Claude n'aura plus rien à faire auprès de toi, alors je quitterai le pays et j'irai où Dieu me poussera. D'ici là tu ne me rencontreras plus sur ta route, mais tu m'auras encore sous ta main. Si tu as besoin de moi, un mot, un geste, un regard, je viendrai. Puisses-tu ne m'appeler jamais! Puissé-je m'éloigner bientôt, en emportant ton bonheur à la place du mien! Adieu donc. Ne m'en veux pas d'avoir troublé tes douces joies par ma présence. J'étais jaloux, parce que je ne comprenais rien. A cette heure que j'ai tout compris, je ne suis plus que triste et malheureux.

Là-dessus, le digne garçon s'éloigna à pas lents, tête basse et poings dans ses poches.

Catherine le suivit quelque temps des yeux; puis, essuyant du revers de sa main une larme qui brillait au bout de ses longs cils, elle se reprit à penser à Roger.

Roger galopait vers Bigny, enivré d'amour moins encore que de liberté, moins joyeux de l'idée d'épouser Catherine que triomphant d'avoir fait enfin acte d'indépendance et de virilité. Chose étrange! à part l'amour qui l'y poussait, pour briser le joug qui pesait sur lui et pour se prouver à lui-même qu'il était libre, cet enfant venait de se jeter tête baissée dans le mariage. La vie se passe ainsi à poursuivre la liberté et à ne faire que changer de chaînes. Plein de fougue et d'ardeur, éperonnant les flancs de son cheval et filant comme une flèche à travers champs, il paraissait voler à la conquête du monde. Cependant, quand il eut ralenti sa course et qu'il se trouva au milieu des campagnes, sous le froid manteau de la nuit, n'étant plus exalté par la présence de la petite fée, il ne put se défendre d'un mouvement de surprise et de stupeur en songeant aux engagements solennels qu'il avait contractés. Il se sentit presque dans la position d'un homme qui, les vapeurs du vin dissipées, cherche à se rappeler, avec un vague sentiment de terreur, ce qu'il a dit et fait en état d'ivresse. Il est très vrai qu'en partant le matin pour Saint-Sylvain, ce jeune homme ne se doutait guère qu'il dût s'engager en ce jour, comme disaient autrefois les poètes, dans les liens de l'hyménée. Il aimait Catherine d'un amour sincère, poétique et charmant; aussi ne s'était-il point demandé où cela pouvait le conduire. Il l'aimait au hasard et à l'aventure, comme on aime les voyages quand on a vingt ans, que les horizons sont sans fin et qu'on ne sait pas où l'on va. Lorsqu'on a bien couru par tous les sentiers de traverse et qu'on a goûté la piquette de tous les cabarets du chemin, lorsqu'on a jeté sa jeunesse à tous les vents, laissé sa laine à tous les buissons, et que l'on commence d'aspirer secrètement aux douceurs du repos, il peut être doux de découvrir, au détour d'une haie, la fumée du toit domestique, et, sur le pas de la porte, la famille qui sourit en vous ouvrant son sein. Mais rencontrer, dès la première étape, messire Hymen, armé de ses flambeaux, qui vous barre le passage et vous crie : Halte-là! tu n'iras pas plus loin! il faut convenir que la rencontre n'est pas des plus divertissantes, pour peu qu'on ait le goût de l'inconnu et de secrets instincts qui vous poussent vers les coteaux de la verte Bohême. Telles n'étaient pas précisément les réflexions auxquelles se livrait Roger; seulement il vint un instant où le jeune vicomte fut obligé de reconnaître qu'entraîné par la circonstance, il avait pris assez légèrement un parti plus grave qu'il ne l'avait jugé d'abord. Hâtons-nous d'ajouter que ce ne fut qu'un éclair. Il aimait Catherine; il appréciait ce que le ciel avait mis en elle de grâce, d'innocence, de charme et de pureté. La petite vierge et son entourage n'avaient exercé sur lui que de bienfaisantes influences. Il se la représenta telle qu'il l'avait vue, la veille, à la lueur des étoiles, et telle qu'il venait de la voir, palpitante entre ses bras, pâle de bonheur et d'amour. Tous ses sens se troublèrent à ces souvenirs, et, lançant de nouveau son cheval et son cœur au galop, il se dit que, dût son père en étouffer de rage et de dépit, la nièce du curé de Saint-Sylvain serait châtelaine de Bigny et vicomtesse des Songères.

A Bigny comme à Saint-Sylvain, les jours qui suivirent ne furent pas exempts de secrètes agitations. Catherine et Roger continuèrent de se voir, mais le plus souvent en présence de Marthe et de François Paty, et c'est à peine s'ils purent, de loin en loin, échanger quelques mots à la dérobée. Catherine souffrait de cette position qui révoltait tous ses sentiments de droiture et d'honnêteté. Vingt fois elle fut sur le point de s'épancher dans le sein de son oncle; la crainte d'irriter Roger l'arrêta, moins encore que celle d'inquiéter le vieux pasteur. Elle n'osait plus lever les yeux devant lui, se dérobait à ses caresses et s'allait cacher pour pleurer. Elle fuyait Marthe aussi et n'avait goût qu'à la solitude. Seule, elle pouvait du moins se réfugier dans son amour; encore cet amour même était-il rempli de sombres appréhensions. D'après les récits que lui avait faits le bon curé, elle connaissait mieux le comte des Songères que ne le connaissait son fils ; elle prévoyait des obstacles que ne prévoyait pas Roger. Un jour qu'ils se trouvèrent seuls un instant dans le jardin :

— Roger, lui dit-elle, d'où vient que mon bonheur est triste ? serait-ce que tout bonheur est ainsi ? J'ai foi en vos serments, je crois en vous comme en Dieu lui-même, et je suis triste jusqu'à la mort ! L'air est calme, le ciel est pur, et je frissonne comme aux approches d'un orage ! Tenez, mon ami, je sens que nous nous préparons l'un à l'autre un avenir de maux et de misères. Ce n'est pas pour moi que je tremble : je paierais volontiers du repos de toute ma vie la gloire d'avoir été aimée de vous un jour. Je ne recule pas devant ma douleur : mais devant la vôtre, mais devant celle de mon oncle, j'avoue que je suis lâche, sans force ni courage et saisie d'épouvante. Réfléchissez, Roger : il en est temps encore. Peut-être n'avez-vous cédé qu'à l'entraînement du moment? Songez que je mourrais la plus infortunée des créatures, si je surprenais sur votre front ou dans vos regards le regret de m'avoir rencontrée sur votre chemin. Songez à tout, dites-vous bien que je ne suis qu'une pauvre petite fille, sans fortune et sans éducation. Dites-vous que pour m'épouser, vous aurez à lutter contre votre père qui n'y consentira jamais, et que, quand vous m'aurez épousée, vous serez tenu vis-à-vis de moi à d'autant plus de tendresse et d'amour que je me sentirai moins digne du rang où vous m'aurez placée et du nom que vous m'aurez offert! Oh! mon ami, que tout ceci est grave! Pensez-y, pensez à mon vieil oncle, pensez à vous surtout, et si vous hésitez un instant, partez Roger, et ne revenez plus. Je ne vous en voudrai pas, et jamais une plainte ne sortira contre vous de ce cœur que votre image ne cessera point d'occuper tout entier.

Ces paroles ne firent qu'exalter l'amour de Roger : l'idée qu'on pouvait douter de son énergie et de sa volonté aurait suffi pour le précipiter dans un parti extrême. Roger n'avait qu'un regret, c'est que les obstacles dont s'effrayait l'imagination de la petite fée ne fussent pas plus sérieux et tout-à-fait insurmontables ; il les aurait brisés et surmontés. Pour rassurer Catherine, il sut trouver des paroles de flamme. Il était jeune, amoureux, sincère : sans efforts il fut éloquent. La jeune fille ne demandait qu'à se laisser persuader et convaincre. L'éclat de la jeunesse reparut sur ses joues, et son âme, à la voix de Roger, se rouvrit doucement à l'espoir.

L'intrépide confiance qu'il essayait ainsi de faire passer dans l'esprit de Catherine, Roger l'avait en lui. Prêt à la lutte, il n'admettait pas qu'il pût ne point en sortir vainqueur. C'est le propre de la jeunesse et de l'amour de ne douter de rien. Roger, pour atteindre à son but, aurait eu à déplacer les montagnes de la Marche et à changer le cours de la Creuse, qu'il ne s'en serait pas effrayé davantage. Avec

Catherine pour point d'appui, il s'estimait de force à soulever le monde.

Cependant, en observant ce qui se passait au château, ce jeune homme sentait, lui aussi, une sourde inquiétude bourdonner autour de son cœur. En moins de quinze jours, le vieux manoir de Bigny avait été rajeuni des pieds à la tête. A voir les embellissements qu'il avait essuyés, un poète aurait crié à la profanation, un bourgeois se serait pâmé d'aise. Toute la façade avait été grattée et blanchie à la chaux. Les pierres disjointes du perron avaient été rapprochées et soudées. On avait soigneusement arraché les grandes herbes qui poussaient dans la cour et on les avait remplacées par un semis de sable jaune et fin. A l'intérieur, les meubles de palissandre et de citronnier avaient succédé aux vieux fauteuils et aux bahuts de chêne. Deux appartements surtout, ayant vue sur la partie la moins sombre du parc, se faisaient remarquer par l'élégance de leur décoration. Toutes les recherches du luxe et du bien-être s'y trouvaient réunies. Le grand salon du rez-de-chaussée, entièrement remis à neuf, étincelait de dorures, de glaces et de cristaux. Le piano récemment arrivé de Paris, s'y prélassait comme un roi dans la salle du trône. C'était, je crois l'avoir dit déjà, un magnifique piano d'ébène à filets de cuivre, sorti des ateliers de Henri Herz. Tous les parquets se cachaient sous des tapis d'Aubusson qui couraient le long des escaliers jusque dans les noirs corridors. Si les écussons aux armes de la famille n'avaient été conservés partout, on aurait pu se croire dans un hôtel de fraîche date, élevé à grand frais dans la Chaussée-d'Antin par quelque Turcaret moderne. Nous en avons bien quelques-uns. Pas un livre, pas un tableau, pas un véritable objet d'art ; en revanche, tout ce que les magasins d'un tapissier peuvent exhiber au XIXe siècle de plus riche, de plus somptueux. En même temps le personnel du logis avait subi des restaurations analogues. Les garçons de charrue s'étaient transformés en laquais de bonne maison. On allait, on venait, on s'exerçait toute la journée, sous les yeux de Robineau, qui dressait cette rustique valetaille aux belles manières de la servilité. Robineau lui-même avait fait peau neuve et tranchait de l'intendant de haute volée.

Du matin au soir on ratissait les allées, on extirpait les ronces, on éclaircissait les fourrés. Un élève de Carême, expédié de la capitale, préparait déjà ses fourneaux et faisait manœuvrer tout une armée de jeunes marmitons. Enfin, un bel attelage de chevaux gris pommelé et un fin alezan de race limousine hennissaient et piaffaient dans les écuries, tandis qu'une calèche, venue par le roulage, dormait sous la remise dans son fourreau de toile.

Que penser de tous ces apprêts? Le comte des Songères avait-il l'intention de se fixer à Bigny? Madame Barnajon, sa sœur, et mademoiselle Malvina, sa nièce, devaient-elles s'y fixer avec lui? Pourquoi ces prodigalités qui n'étaient pas dans les goûts du maître? A ces questions qu'il se posait à lui-même, Roger ne savait que répondre; mais il sentait que quelque chose se tramait en opposition avec ses projets. Malheureusement, nul indice ne pouvait le mettre sur la voie. Son père l'avait toujours tenu en dehors du mouvement des affaires en général, et des siennes en particulier. Roger ignorait quels intérêts avaient ramené le comte à Bigny. Il ne se doutait même pas qu'un procès remît en question la propriété de ce domaine. Quoique naturellement fier et réservé, et quelque sentiment de répulsion que lui inspirât Robineau, il se hasarda plusieurs fois à l'interroger; mais Robineau était impénétrable, et, depuis quelque temps, il avait redoublé d'arrogance, si bien que Roger dut se contenir pour ne pas le mettre rudement à sa place. Désespérant de rien tirer de cet animal, qui participait du cuistre et de l'huissier, il prit le parti d'attendre, sans rien dire à Catherine, de peur de l'effaroucher.

A Saint-Sylvain, les choses ne prenaient pas un tour plus gai ni plus rassurant. Quand Roger était là, près d'elle, Catherine croyait aisément au bonheur; mais aussitôt qu'il s'éloignait, la petite vierge sentait sa confiance partir avec lui. Marthe et François Paty avaient fini par s'apercevoir du changement qui s'opérait dans l'humeur de leur chère enfant. Le bon vieillard ne s'en inquiétait guère, persistant à penser qu'il s'agissait entre elle et Claude de quelque bouderie d'amoureux. Marthe se serait bien gardée de dire autrement que M. le curé; mais au fond la vieille nourrice, quoiqu'à cent lieues de la vérité, n'était pas bien convaincue que l'ami Claude fût pour beaucoup dans cette affaire. Toujours est-il que le presbytère n'avait plus le charme qui l'animait encore, voici à peine un mois. Le mouvement et la vie menaçaient de s'en retirer. Claude n'y montrait plus son nez. La fenêtre où Marthe et la petite fée babillaient autrefois si gentiment, demeurait fermée des journées entières. Catherine ne rôdait plus autour de son oncle ; Claude ne rôdait plus autour de Catherine. Les repas étaient silencieux. François Paty lisait son bréviaire d'un bout à l'autre sans être interrompu par sa nièce. La présence seule de Roger ramenait de temps en temps un peu de soleil sous le toit du pasteur. Le village même, depuis que le jeune

Noirel faisait assidûment sa classe, avait un aspect morne et n'était plus distrait que par la sortie de l'école. Délivré des soins de son empire, Claude allait vaguer solitairement comme un chien qui n'a plus son maître : sa démarche affaissée et sa physionomie profondément triste imprimaient au paysage je ne sais quoi de morose et de chagrin. De son côté, le marguillier, qui promenait çà et là une mine longue d'une aune, ne contribuait pas à égayer les horizons.

Bref, de tout ce petit monde que nous avons connu si heureux, il n'y avait que Paquerette qui n'eût rien perdu de sa joie. Celle-là continuait de vivre, comme par le passé, en plein air, pieds nus, robe à mi-jambe, poussant devant elle son joli troupeau, la gaule en main et la gaîté au cœur.

II

CE QUI SE PASSAIT A PARIS.

Tandis qu'à Saint-Sylvain Roger disposait de son cœur, de sa main et de sa destinée, à Paris, le comte des Songères disposait du cœur, de la main et de la destinée de Roger. Cet homme, qui représente dans cette histoire villageoise le loup que Rivarol aurait voulu voir de temps à autre dans les bergeries de Florian, tenait encore moins du loup que du renard. Pour mieux dire, il tenait des deux; seulement, tant qu'il avait été jeune, le loup avait dominé en lui, et, en vieillissant, le renard avait pris le dessus. C'était devenu un singulier mélange de souplesse et de rudesse, de ruse et de brutalité. Livré à ses instincts naturels, le loup reparaissait aussitôt; mais, quand ses intérêts l'exigeaient, le renard avait son tour, et le drôle en aurait remontré aux plus fins.

Peut-être n'a-t-on pas oublié quelle entreprise se proposait le comte des Songères en venant à Paris. Effréné dissipateur en sa jeunesse, il avait gaspillé dans une vie d'excès la fortune dont il devait un jour rendre compte à son fils. Ce jour était arrivé. Si Roger n'avait encore rien réclamé, il pouvait tout réclamer d'un instant à l'autre. D'ailleurs, il gênait son père qui n'avait rien tant à cœur que de se débarrasser de lui. En même temps, madame Barnajon disputait la propriété de Bigny à son bien-aimé frère, qui lui était redevable, depuis quelque vingt ans, de sommes considérables. D'abord le loup avait montré les dents; mais, à la longue, le renard avait imaginé qu'un mariage entre sa nièce et son fils pourrait trancher toutes les difficultés. Le comte des Songères était donc parti pour Paris, à l'unique fin de négocier et de mener à bien cette grande affaire, dans laquelle il s'agissait pour lui de s'acquitter du même coup, à l'aide d'un domaine en litige, envers son fils et envers sa sœur.

Une fois à Paris, son premier soin fut de voir son avoué et de consulter les avocats et les légistes les plus renommés du Palais. Tous s'accordèrent là-dessus que le comte des Songères n'avait pas plus de chances pour perdre son procès que pour le gagner. Le comte n'en demandait pas davantage. Ses consultations en poche, toutes signées de noms fameux, il se présenta chez madame Barnajon qui ne l'attendait pas et se montra moins charmée que surprise de le revoir. L'entrevue commença par être glacée; mais, grâce à l'astuce du comte, la glace finit par se fondre. Pour le coup maître loup s'était complètement effacé; il ne restait plus que compère renard, qui joua son rôle à ravir et vida tous les tours de son sac. Grave et triste d'abord, il devint

affectueux et tendre; il poussa jusqu'à
l'attendrissement et versa même quelques
larmes. A l'entendre, il arrivait tout exprès
du fond de l'Allemagne pour voir s'il n'était
pas possible de mettre un terme à des
divisions qui avaient trop longtemps duré.
Il parla de son fils avec amour : des affections de la famille en homme qui n'y
est point étranger et qui les ressent vivement. Madame Barnajon, en écoutant son
frère, reconnaissait la vérité du proverbe
qui dit que, quand il fut vieux, le diable
se fit ermite. Toutefois elle se tint prudemment sur ses gardes, et déclara avec
fermeté qu'elle était décidée à ne point se
départir de ses prétentions. Le comte se
récria. Fallait-il troubler ce premier entretien par de viles questions d'intérêts? On
avait tout le temps d'en parler. Il était

résigné, pour sa part, à tous les sacrifices, et ne reculerait devant rien en vue de ramener la bonne intelligence entre sa sœur et lui. Il ne demandait qu'une trêve qui leur permît de se mieux connaître. Cette trêve, madame Barnajon l'accorda volontiers, et, à compter de ce jour, M. des Songères vécut dans l'intimité de sa sœur et de sa nièce, les observant l'une et l'autre en secret, étudiant le caractère de sa nièce qu'il avait laissée au berceau et celui de sa sœur qu'il n'avait pas vue depuis plus de vingt ans, s'initiant, avec adresse et sans avoir l'air d'y toucher, à leurs goûts, à leurs ambitions, à leur position dans le monde, à tous les détails de leur intérieur; ne négligeant rien, disant et faisant tour à tour tout ce qu'il fallait pour flatter les faiblesses d'esprit de la mère et pour exciter les appétits aristocratiques de mademoiselle Malvina Barnajon.

Ce fut au milieu de ces investigations, de ces trames et de ces manœuvres, qu'il reçut la lettre par laquelle l'exécrable Robineau lui dénonçait en termes si grossiers les chastes tendresses de Roger et de Catherine. Le comte des Songères n'avait aucune idée de la petite vierge, qui ne faisait que de naître quand il avait quitté le pays; il n'en soupçonnait même pas la poétique et gracieuse existence. En revanche, il connaissait trop bien le curé de Saint-Sylvain; il se souvenait d'avoir, une nuit, dans la chambre de sa femme morte, courbé la tête et ployé le genoux sous la parole et sous le geste du pasteur; il savait qu'il avait un juge en cet homme; sa haine contre lui n'avait pas vieilli d'un jour. Au nom de François Paty, le loup bondit de rage, comme si la balle d'un chasseur venait de se loger sous sa peau; mais l'on s'abuserait étrangement, si l'on s'imaginait qu'en apprenant l'amour de Roger pour Catherine et de Catherine pour Roger, il sentit croître son irritation et sa colère redoubler. Ici le renard s'applaudit et se pourlécha les babines, comme si, comptant sur une proie facile, il se préparait à s'enivrer de meurtres, de sang et de carnage. A travers les exagérations du récit de l'intendant, il ne vit dans tout ceci qu'une liaison fort peu sérieuse qu'il romprait au besoin quand il en serait temps, et, comme il n'avait jamais envisagé la passion que sous son côté matériel et vulgaire, comme il n'avait jamais rien compris anx délicatesses du cœur non plus qu'aux idéales voluptés de l'amour et de la jeunesse, loin de s'alarmer, il écrivit à Robineau de laisser courir les choses aussi loin qu'elles pourraient aller. Rien ne lui paraissait plus doux ni plus charmant que de se venger de l'oncle sur la nièce; il lui souriait surtout que son fils fût, précisément, l'instrument de cette vengeance. Pour lui donner le loisir de la consommer, le comte prolongea son séjour à Paris, se promettant d'arriver assez tôt à Bigny pour se repaître de la honte de la victime et des larmes du curé maudit.

Il poursuivit pendant ce temps l'œuvre de séduction qu'il avait entamée. Lorsqu'il jugea que l'heure était venue de part et d'autre, un jour qu'il se trouvait entre madame Barnajon et sa fille:

— Connaissez-vous, dit-il en souriant, l'histoire de ces deux armées qui, près d'en venir aux mains, profitèrent de quelques heures de trève pour se visiter et se faire réciproquement les honneurs de leurs camps? Ce serait un peu notre histoire, s'il vous plaisait, après m'avoir reçu avec tant de grâce et de bienveillance, de venir à Bigny passer avec moi et mon fils le reste de la belle saison. Comment cette proposition ne vous agréerait-elle pas? Paris est brûlant, poudreux, inhabitable; on n'y voit plus que des gens d'affaires. Toute l'aristocratie a pris sa volée vers les bois. Faites comme elle; n'avez-vous pas, vous aussi, des bois, des terres, un parc, un château? Vous, ma sœur, vous retrouverez avec délices les souvenirs de votre enfance; vous, ma belle et charmante nièce, vous visiterez nos montagnes, qui vous offriront des sites et des aspects dignes de toucher une âme poétique comme la vôtre. Songez, ma sœur, songez, Malvina, que votre présence comblera de joie mon aimable Roger. Le cher enfant a fait tout exprès le voyage pour vous être présenté : les fatigues de la route et sa santé frêle et débile ne lui ont pas permis de m'accompagner plus loin. N'ayant pu arriver jusqu'à vous, il vous bénira d'avoir bien voulu venir jusqu'à lui. C'est un enfant, vous l'aimerez, ma sœur; Malvina, vous apprendrez à le chérir comme un frère. D'ailleurs, c'est bien le moins que ma nièce connaisse le domaine et le castel de nos aïeux.

A ces mots de castel et d'aïeux, Malvina rougit de plaisir. Madame Barnajon opposa quelque résistance. Mais le comte se montra si pressant et Malvina si suppliante, qu'elle dut finir par céder. Il fut convenu, toutefois, qu'à la fin de l'automne on reprendrait les hostilités comme si de rien n'était. Aussitôt, le comte des Songères envoya ses ordres à Robineau et fit tout préparer pour la réception de ces dames. Il avait eu d'abord l'idée de ne rien faire changer à l'antique manoir; mais, en étudiant les goûts de sa nièce et de sa sœur, il avait vite compris que le sang des Barnajon avait passé par là, et qu'elles s'accommoderaient difficilement de la poésie des vieux murs. C'étaient de ces femmes qui adorent les ruines, les arceaux brisés, les tourelles habillées de lierres, à la condition de n'y marcher que sur de moëlleux tapis et d'y retrouver toutes leurs habitudes de luxe et d'élégance.

Une nuit, en revenant de Saint-Sylvain où il avait passé la journée, Roger s'arrêta consterné au pied du perron. A deux pas de lui, dans la cour, une chaise de poste était dételée, et les fenêtres éclairées du château brillaient silencieusement dans l'ombre.

III

PARIS A BIGNY.

Roger passa la nuit à se préparer pour l'assaut qu'il était décidé à ne pas différer d'un jour. En effet, le lendemain, aussitôt qu'il pensa pouvoir se présenter chez son père, qu'il n'avait pas vu la veille à cause de l'heure avancée, il sortit de sa chambre et se rendit à l'appartement du comte d'un pas ferme et d'un cœur résolu.

Il n'avait rien perdu de son courage ni de sa fermeté. Toutefois, près d'entrer, il s'arrêta devant la porte, et là, indépendamment des colères qu'il n'allait pas manquer de soulever, il pâlit et son sang se figea dans ses veines, en songeant à l'accueil dur et glacé qu'il allait essuyer. Il n'avait jamais paru devant son père sans un sentiment de contrainte douloureuse approchant de l'effroi. Après quelques minutes durant lesquelles il appela Catherine à son aide, honteux de sa faiblesse, prêt à tout braver, il entra. Dans l'antichambre, il se croisa avec Robineau qui sortait de chez son maître; la figure insultante de cet homme lui fut un aiguillon de plus. Il traversa deux ou trois pièces et arriva sans faiblir et sans hésiter à celle où se tenait le comte. Soit que l'entretien qu'il venait d'avoir avec son intendant ne l'eût pas satisfait, soit qu'il fut préoccupé d'autre part, le comte des Songères se promenait de long en large d'un air sombre et visiblement agité. Au bruit que fit la porte en s'ouvrant, il se retourna brusquement, et Roger frissonna des pieds à la tête en se retrouvant sous ce regard qui l'avait tenu pendant vingt ans comme un passereau sous l'œil d'un autour. Il pâlit de nouveau et son front se chargea de sueur; mais ce mouvement d'épouvante fut bientôt remplacé par un sentiment de surprise et même de stupeur, quand il vit son père venir à lui, la main tendue et la bouche souriante.

— Bonjour, Roger, bonjour, mon fils! dit avec effusion le comte, en prenant les mains du jeune homme.

Et, l'attirant sur sa poitrine, il l'embrassa cordialement avec la brusquerie d'un soldat.

A ce témoignage d'affection, le premier qu'il recevait de son père, Roger, nature tendre, nerveuse, impressionnable, sentit son cœur se fondre et ses yeux s'humecter.

— Mon père! dit-il d'une voix attendrie, c'est la première fois que vous m'embrassez.

Le comte ne répondit qu'en le pressant derechef dans ses bras.

— Mon père, ajouta Roger de plus en plus ému, je croyais que vous ne m'aimiez pas.

— Mon fils, répliqua le vieux renard avec une mélancolique gravité, les tendresses les plus vraies et les plus profondes ne sont pas toujours celles qui font le plus d'étalage et de bruit. Il est des âmes silencieuses qui répugnent aux affections bruyantes. Avant de me juger, il faudrait me connaître. Vous apprendrez un jour quels orages ont traversé ma vie et tari dans mon cœur la source des épanchements. Vous saurez aussi comment, sous cette froideur apparente qui vous a fait douter de mon amour, je n'étais préoccupé que du soin de votre bonheur. Et pourtant, j'en conviens, moi-même j'ignorais jusqu'à quel point vous m'étiez cher : l'absence vient de me l'apprendre.

— Mon père, dit Roger, qui se demandait s'il était bien éveillé et si ce n'était pas un rêve, je regrette de ne m'être pas trouvé hier au château pour vous recevoir ; mais vous aviez oublié de me fixer le jour de votre arrivée, et, d'après votre lettre, je ne pouvais pas supposer...

— Bien, bien ! s'écria gaîment le comte des Songères en lui frappant familièrement sur l'épaule : on sait que nul ici-bas ne peut servir en même temps son roi, sa maîtresse et son père. Eh bien ! Roger, pourquoi rougir et vous troubler ? Vous aimez, c'est de votre âge. L'amour sied à la jeunesse comme les roses au printemps.

— Ainsi, mon père, demanda d'une voix hésitante le jeune homme qui marchait d'enchantements en enchantements ; ainsi, vous savez tout, vous savez que mon cœur s'est donné pendant votre absence, et, loin de me blâmer, loin de vous irriter, comme je l'avais craint, vous approuvez mon choix et vous souriez à mon amour?

— Comment donc? s'écria le comte. M'avez-vous pris pour un de ces pères de comédie qui veulent que leurs fils gardent jusqu'à trente ans leur robe d'innocence? Mon intention n'a jamais été de vous tenir en charte privée. Vous êtes jeune, il faut que jeunesse se passe. J'avoue même qu'il ne m'aurait nullement agréé d'avoir pour héritier de mes titres et de mon nom, un pudibond Joseph n'osant point lever les yeux sur une femme et toujours prêt à faire à sa virginité le sacrifice d'un manteau. J'aime à sentir chez un jeune homme les feux du matin de la vie; et je ne hais rien tant que ces grands dadais qui, en fait de pudeur, en auraient remontré aux chastes prêtresses du culte de Vesta. Non seulement je vous approuve, mais encore je vous applaudis. La petite est, dit-on, charmante?

— C'est un ange, mon père.

— J'en suis convaincu; règle générale, toutes les femmes qu'on aime sont des anges. La petite, d'ailleurs, tient au paradis par tous les bouts, car c'est, je crois, la nièce d'un desservant de nos environs.

— Oui, mon père, répondit Roger qui, ayant fini par remarquer le ton sur lequel le prenait le comte, commençait d'en souffrir et de s'en offenser. Oui, la jeune fille que j'aime est la nièce du curé de Saint-Sylvain.

— A merveille! s'écria M. des Songères en souriant. Une nièce de curé! malpeste, comme vous y allez! Vos pareils, à deux fois, ne se font pas connaître. Qui diable, en vous voyant, aurait pu se douter de cela ? Vous commencez mieux que don Juan. Une nièce de curé ! excusez du peu; c'est par là que monsieur débute ? Recevez mes compliments. Et, dites-moi, Roger, sans indiscrétion, peut-on savoir où vous en êtes avec votre Armide de sacristie ?

— Mon père, je vais vous l'apprendre, répondit fièrement Roger qui venait de sentir, à ces mots, le rouge de l'indignation lui monter au visage. Cette jeune fille est pure autant que belle.....

— Tant pis pour vous, répliqua le comte.

— Je la vénère autant que je l'aime....

— Dans ce cas, c'est tant pis pour elle.

— Et je veux l'épouser, ajouta Roger avec fermeté.

— Vous dites ?...

— Je dis, mon père que je veux l'épouser, répéta le jeune homme avec une respectueuse assurance.

Roger ne doutait pas qu'à ces mots la foudre n'éclatât sur sa tête. Il en arriva autrement. Le comte partit d'un franc éclat de rire et se prit à marcher par la chambre en se tordant les flancs dans un fol accès d'hilarité, tandis que son fils, muet, debout, immobile, l'examinait d'un air interdit, comme un homme qui, s'étant armé de pied en cap pour une lutte formidable, verrait son adversaire lui jeter des boulettes de mie de pain au nez.

— Enfant, dit enfin le comte en donnant à sa physionomie une expression grave et recueillie, je reconnais là l'honnêteté et la candeur de votre belle âme. Je savais bien que mon Roger n'avait pu jouer en tout ceci le rôle d'un séducteur vulgaire. Aimable jeune cœur, dans l'ignorance où vous êtes du monde et de la vie, vous avez dû naturellement supposer que le mariage est une conséquence nécessaire et forcée de l'amour. C'est ainsi qu'on raisonne à vingt ans. Parce qu'on croit aimer et qu'on se croit aimé, on parle de disposer de sa destinée, comme s'il ne s'agissait que d'un jour. Age heureux qu'envie et que regrette, tout en le gourmandant, la raison, triste fille des années et de l'expérience !

— Ne vous y trompez pas, mon père, tout ce que vous pourriez me dire à ce sujet, je me le suis dit moi-même. Mon parti est pris, ma résolution arrêtée, et s'il est vrai que vous m'aimiez, s'il est vrai que vous vous soyez jamais préoccupé de la pensée de mon bonheur.....

— Je vous aiderai, n'est-ce pas? à consommer le malheur de toute votre vie. Bien obligé! vous êtes fou, Roger.

— Ma folie m'est chère et j'y tiens.

— De grâce, laissons-là ces enfantillages. Je vous accorde quinze jours pour y réfléchir. Si dans quinze jours vous n'en êtes pas revenu de vous-même, eh bien! nous en reparlerons. Mais d'ici-là, je vous en prie, Roger, permettez que je goûte en paix la joie que j'éprouve à me retrouver, avec vous et près de ma sœur, dans ces lieux où je suis né et que je revois pour la dernière fois peut-être. Votre père n'est pas heureux, mon fils, il ne le fut jamais. Bientôt il partira pour aller achever de

vieillir sur la terre étrangère. Ayez pitié
du pauvre exilé; ménagez son dernier
bonheur; ne troublez pas le peu d'instants
qu'il lui reste à passer sur le sol de la patrie et sous le toit de ses ancêtres.

A ces mots, Roger regarda le comte des
Songères pour s'assurer que c'était bien
lui qui parlait.

—Vous pleurez, vous pleurez, mon père!
s'écria-t-il avec un élan de tendresse invo-
lontaire et spontanée.

— Voici les premières larmes que je
répands depuis la mort de votre mère; j'en
croyais depuis longtemps la source tarie et
desséchée. Allons, point de faiblesse! ajouta-t-il en essuyant ses yeux. Je suis fort, je
dois l'être, et, quoique brisé, je m'en irai

joyeux, si je puis, avant de partir, réaliser mon dernier rêve, s'il m'est donné pour consolation suprême d'emporter avec moi le sentiment de vos félicités.

Là-dessus, ayant pris affectueusement Roger par le bras, il l'entraîna dans le parc pour y faire un tour, en attendant l'heure de le présenter à sa tante et à sa cousine.

— La patrie n'est pas un vain mot, disait-il avec mélancolie en s'appuyant nonchalamment sur le bras de son fils; l'influence de la terre natale n'est point une chimère accréditée par les poètes. Je chercherais en vain à m'en défendre. La haine des méchants, la fureur des sots, les lâches calomnies ont pu me contraindre à quitter ces lieux, mais sans pouvoir en détacher mon cœur. La nature n'est point responsable de la perversité des hommes. Que de souvenirs s'éveillent sous mes pas! Tenez, c'est ici que se sont écoulés les premiers jours de votre enfance. J'ai vu courir vos petits pieds sur ces pelouses et dans ces allées. Votre mère vivait alors. Aimable et chère créature, trop tôt ravie à mon amour! Allez, mon fils, on a beau se créer une nouvelle famille, rien ne remplace le foyer où nous avons grandi, ni la première femme à qui nous avons donné les doux noms d'amante et d'épouse. Roger, je veux qu'un de ces soirs nous allions, vous et moi, nous agenouiller ensemble sur la tombe de votre mère.

Qu'on tâche de se représenter l'étourdissement et la confusion de Roger, qui voyait ainsi tous ses plans de bataille déjoués, toutes ses batteries démontées, toutes ses pièces enclouées sur place sans avoir brûlé seulement une once de poudre. Il avait compté sur des obstacles à renverser, sur des affronts à subir, sur des colères et des emportements à dompter; aussi s'était-il armé en conséquence et pourvu de courage et de résolution. Mais comment aurait-il pu songer à se mettre en garde contre la tendresse, le rire et les larmes de cet homme inflexible qu'il n'avait jamais vu ni rire ni pleurer?

— Ainsi, disait le comte d'une voix caressante, vous avez cru, mon fils, que je ne vous aimais pas. C'est tout simple. La jeunesse ne descend pas au fond des choses et ne voit guère que les apparences. Vous ne vous êtes jamais demandé ce que j'avais dû endurer et souffrir pour en être arrivé à ce point de sombre ennui et de tristesse taciturne et sauvage. Vous ne vous êtes jamais demandé ce qui se cachait peut-être de sensibilité maladive, srous cette foide et rude écorce. Roger, je ne vous en veux pas. Bien loin de là, je m'accuse moi-même d'avoir négligé votre tendresse et de ne vous avoir montré que le côté douloureux de mon âme. A votre tour, mon fils, il faut me pardonner.

— Vous pardonner, mon père! répondit le jeune homme avec déférence. Que puis-je avoir à vous pardonner? Il faut être aimé pour avoir le droit de se plaindre.

— Ce droit vous est acquis, mon fils.

— Vous m'avez embrassé, mon père, et j'ai tout oublié, dit Roger.

—Etre charmant! hélas! c'est à la veille de nous séparer pour toujours que nos cœurs se cherchent et commencent à se recontrer.

— Il suffit que deux cœurs se soient rencontrés et touchés une fois, pour que le temps ni la distance ne puissent les désunir. Mon père, ajouta Roger qui, moins attendri qu'étonné, ne perdait pas de vue, au milieu de tous ces discours, les intérêts de sa passion, à Dieu ne plaise que je veuille troubler par des préoccupations égoïstes le contentement de votre âme! Il est juste que vos joies passent avant les miennes. Permettez-moi seulement de compter sur la promesse que vous m'avez faite de m'écouter dans quinze jours avec une attention sérieuse, sinon bienveillante.

—Roger, vous pouvez y compter. Comptez aussi que je vous entendrai avec toute la bienveillance d'un esprit ferme et d'une raison sûre qui ne peuvent et ne doivent vouloir que votre bien.

— J'y compte, mon père, et je vous remercie, répondit gravement Roger.

Fort de cette assurance, le jeune des Songères se sentit libre et presque joyeux. Nous devons même convenir, au risque de gâter un peu la physionomie de notre héros, qu'au fond il ne fut pas trop malheureux de cet ajournement ; car, quoique très épris de Catherine et décidé à l'épouser, notre jeune ami n'était pourtant pas de ceux-là qui vont droit au but comme un boulet, franchissent les écueils au lieu de les tourner, et débrouillent du tranchant de leur volonté tous les nœuds gordiens que la destinée leur présente.

Ils allaient ainsi causant, lorsqu'au tournant d'une allée, à cette même place où Roger avait rencontré pour la première fois la petite vierge, ils se trouvèrent face à face avec madame Barnajon et sa fille, qui se promenaient de leur côté depuis près d'une heure. Le comte s'empara de la main de Roger et le conduisant à sa sœur :

— Mon fils, dit-il, embrassez votre tante.

Roger embrassa madame Barnajon, puis il s'inclina devant sa cousine.

— Allons, enfants, embrassez-vous, dit le comte.

Malvina tendit sa main au jeune homme qui la prit avec respect et l'effleura du bout de ses lèvres.

Cette cérémonie achevée, et quand on eut échangé de part et d'autre les phrases obligées en pareille occurrence, le comte des Songères offrit son bras à sa sœur, Roger offrit le sien à sa cousine, et la petite caravane s'avança à pas lents vers le château où l'appelait en cet instant la cloche du déjeuner. Comme l'allée était trop étroite pour qu'il fût permis à quatre personnes d'y marcher de front, madame Barnajon et son frère allaient en avant, suivis à quelque distance de Malvina et de son cousin.

Roger n'avait, à vrai dire, aucune raison d'aimer ces deux femmes. C'est tout au plus si, voici quelques jours, il se doutait qu'il eût de par le monde une tante et une cousine. Leur présence, qu'il ne s'expliquait pas, devait nécessairement troubler son bonheur et gêner tout au moins sa liberté. Toutefois, bien que médiocrement charmé de les voir, l'impression qu'il en reçut à première vue ne répondit pas précisément à l'hostilité de ses préventions. Il s'était figuré quelque chose d'assez peu beau et d'assez peu gracieux qui devait d'abord lui déplaire mortellement. Il avait ses motifs pour en juger ainsi; quand on aime, on s'imagine volontiers qu'en dehors de l'être aimé il n'est rien de beau sous le ciel. Qui a pu croire, quand l'amour le tenait au cœur, qu'il était ici-bas, après sa maîtresse, d'autres femmes jeunes et belles, celui-là n'a jamais aimé. Roger s'était imaginé qu'excepté Catherine, toutes les femmes étaient laides et ressemblaient à la vieille Marthe. Certes, en voyant sa cousine, il ne sentit pas l'image de la petite vierge pâlir dans son sein ; seulement, bien qu'il eût préféré la savoir à cinq cents lieues de Bigny, par-delà les monts et les mers, il dut se confesser à lui-même que mademoiselle Barnajon était d'un aspect moins désagréable qu'il ne s'était plu à le supposer.

C'était une grande et belle personne, yeux noirs et cheveux noirs, regard fier et hardi, teint brun et coloré, taille svelte, élancée, magnifiquement découplée. A l'examiner en détail, on n'aurait trouvé dans ses traits rien d'achevé ni de vraiment exquis. Un pinceau délicat se serait refusé peut-être à reproduire sur la toile l'harmonie sensuelle de ces lignes et de ces contours. Pour parler franc, tout cela manquait bien de quelque noblesse et de quelque distinction ; mais c'était dans l'ensemble quelque chose de resplendissant et que rehaussaient encore l'éclat de la santé et la fraîcheur de la jeunesse. On sentait la vie courir et circuler sous cette peau dorée et transparente. Ses cheveux, moins fins que vivaces, se tordaient le long de ses tempes en spirales d'ébène aux reflets bleuâtres. Le soleil d'automne était moins chaud que la lueur humide où nageait sa paupière. Elle avait une élégante toilette du matin, qu'elle portait avec autant d'aisance que de grâce. Une robe blanche de mousseline des Indes l'enveloppait de ses mille plis; une écharpe de Smyrne flottait sur ses épaules. Un brodequin de satin turc pressait son pied peut-être un peu fort. Sa main, gantée comme pour un bal, jouait négligemment avec une ombrelle de moire grise, au manche incrusté de turquoises.

Quant à madame Barnajon, voici bien quelque temps qu'il n'était plus question de sa beauté. Toutefois, elle exhalait un parfum d'aristocratie qu'on aurait vainement cherché à respirer autour de sa fille; elle gardait un reste de dignité native que n'avait pu complètement absorber le monde d'argent où elle avait vécu. On voyait, comme nous l'avons déjà dit, que les Barnajon avaient passé par là : mais on y retrouvait aussi quelques vestiges d'une antique race. C'était un parchemin frotté contre un sac d'écus. Le frottement avait bien altéré les caractères; mais, en y regardant d'un peu près, on pouvait reconnaître encore l'empreinte des armoiries.

— Savez-vous, mon frère, disait madame Barnajon, que vous avez fait du vieux manoir de nos pères un lieu d'enchantements et de délices? Si c'est uniquement en mon intention que vous vous êtes mis en si grands frais, on n'est pas plus galant ni plus généreux, à coup sûr.

— Ma sœur, répondit en souriant le comte des Songères, ce château pouvant d'un jour à l'autre vous appartenir par autorité de justice et par droit de conquête, j'ai cru de mon devoir de le restaurer, de l'embellir et de le rendre digne de vous, autant qu'il était en moi de le faire.

— Prenez garde, mon frère! si vous raillez, vous pourriez plus tard vous en mordre les doigts. Je vous préviens que tout ce luxe d'hospitalité que vous avez déployé pour moi, au lieu d'amortir mes prétentions, n'aura servi qu'à les exalter. Vous pensez bien que si je vous ai disputé un taudis, je ne vous céderai pas un palais.

— Palais ou taudis, je vous affirme ici que je n'ai pas d'autre désir ni d'autre ambition que de vous y installer en souveraine.

— S'il en est ainsi, pourquoi plaidons-nous?

—*Per il piacere e per l' honore.* Plaider est

un jeu plein de chances diverses, partant plein d'émotions : voilà pour le plaisir. Ensuite, il ne doit pas être dit qu'un des Songères a laissé prendre, sans coup férir, le domaine de ses ancêtres : voici pour l'honneur.

— Quelles folies ! De toutes les surprises que vous m'avez ménagées, la plus agréable est sans contredit votre fils, Vous m'aviez parlé d'un enfant chétif et malingre; j'imagine que vous vouliez rire.

— Vous le trouvez gentil, mon Roger !

— Dites charmant.

— C'est mon avis; mais il m'en eût coûté d'être le premier à le dire.

— C'est trop de modestie et qui porte à faux ; car il m'a paru que mon neveu ne ressemble en rien à mon frère.

— Vous êtes bien bonne. Toute vanité

paternelle à part, quand vous aurez appris à l'aimer, vous comprendrez qu'il soit ma joie et mon orgueil. Vous l'avez dit, ce jeune homme est charmant. Doux et fier, tendre et caressant, c'est le portrait vivant de sa mère.

—Pauvre femme ! je ne l'ai pas connue ; mais je me suis laissé conter que vous l'aviez fait mourir de chagrin ?

— L'avez-vous cru ?

—Pas précisément. Seulement j'ai pensé que si la chose n'était pas vraie, elle était du moins vraisemblable.

—Grand merci ! la vérité est que ma femme est morte de la poitrine, entre mes bras, en me bénissant.

—Oui, on m'avait bien dit dans le temps qu'elle était morte sans connaissance, ajouta tranquillement madame Barnajon.

Laissons ces deux âmes fraternelles poursuivre un si doux entretien, et revenons à nos jeunes gens : l'un timide, embarrassé et rougissant à tout propos comme une vierge ; l'autre, au contraire, douée au plus haut degré de ce viril aplomb et de cette intrépide assurance que la finance enseigne aux vestales de ses salons.

— Comment, mon cousin, disait Malvina, avez-vous pu vous résigner à vivre seul et sans distractions, pendant plus de trois mois, au fond de ces campagnes ? A votre place, en moins de huit jours, je serais morte de tristesse et d'ennui. Le château est habitable ; mais tout ce pays est affreux. Je n'y ai encore vu que des montagnes, des bois, des prés et des bruyères. Les bruyères font bien, au bal, dans les cheveux. Aimez-vous le bal, mon cousin?

— Mademoiselle, répondit Roger, jusqu'à présent mes plus belles fêtes se sont données dans la solitude. N'ayant rien vu du monde, je ne saurais en parler. Tout ce que j'en puis dire, c'est que mes goûts ne m'y portent point.

— C'est étrange, cela. Vous n'aimez pas le monde?

— Je ne le connais pas.

— Ni ne désirez le connaître?

— Non, mademoiselle.

— Mais alors, mon cousin, à quoi donc passez-vous le temps?

— Que vous dirais-je? je m'oublie parfois des heures entières, sur les bords de la Creuse, à regarder l'eau qui coule sans bruit à mes pieds : c'est à peu près ainsi que je vois s'écouler mes jours.

— Ah ! vous êtes poète.

— Je n'ai ni ce bonheur, ni cet honneur.

— J'aurais pourtant juré, en vous voyant, que vous faisiez des vers.

— C'est une langue divine que je comprends, que j'aime, mais qu'hélas ! je ne parle pas.

— Moi, j'adore la poésie et je raffole des poètes. Lamartine ! ah ! Lamartine ! convenez qu'il est ravissant.

— Je ne connais que quelques vers de M. de Lamartine. Je me les redis sans cesse à moi-même. Je les aime comme le son des cloches, le soir, au fond des bois.

— Ah ! oui, le son de cloches, le soir, au fond des bois ! au clair de la lune, surtout; j'ai la passion des clairs de lune. On a fait, sur *le Lac*, un grand air que je vous chanterai. Aimez-vous la musique, mon cousin?

— Mademoiselle, je viens d'un pays où la musique est mêlée à l'air qu'on respire.

— De l'Allemagne. Heureuse contrée! moi, je n'admets pas qu'on puisse vivre sans musique. Je me passerais aussi volontiers de dentelles et de diamants. Avez-vous entendu des romances de Loïsa Puget? C'est vrai, vous vous êtes élevé en Allemagne. Comment se portent les chapeaux à Vienne et à Berlin?

— Mais sur la tête, je suppose, répondit gravement Roger.

Malvina partit d'un fou rire.

— Et, dites-moi, comment vit-on

dans cet horrible pays où nous sommes? Y couronne-t-on des rosières? Avez-vous dans les environs quelque chose comme une préfecture où l'on puisse, sans trop se commettre, aller danser de temps en temps? Dansez-vous la *Mazourka*, mon cousin? Pardon, j'oublie toujours que je parle à un jeune sauvage des bords de l'Orénoque.

On arrivait au château. Après le déjeuner, tandis que Roger s'entretenait avec sa tante qui paraissait prendre plaisir à l'écouter :

— Eh bien ! ma jeune et belle châtelaine, demanda le comte en entraînant sa nièce dans l'embrâsure d'une fenêtre, que me direz-vous de mon fils?

— Que c'est un Mohican, mais que nous vous le civiliserons, répondit gaîment Malvina.

— Sous peu de mois, ce jeune Mohican sera ni plus ni moins que comte des Songères, car je prétends lui laisser mon titre en partant. Avez-vous vu nos écussons? trois merlettes d'or sur un champ d'azur. Il y a des des Songères qui reposent en terre sainte, car nous avons fait les croisades. Un de nos aïeux fut embrassé par Philippe-Auguste après la bataille de Bouvines. Charles VII, quand il n'était que roi de Bourges, est venu visiter ce château; il a couché dans la chambre que vous occupez. Vous voyez bien ce brillant? c'est la reine Marie-Antoinette qui l'a donné à votre aïeule maternelle. Nous sommes, entre nous, d'aussi bonne maison que le roi. Votre mère, ma nièce, fit une grande faute en se mésalliant : une irréparable faute ! La canaille a beau dire, la noblesse tiendra toujours le haut du pavé. Au dessous, il n'y a rien ; au-dessus, il n'y a que Dieu. Une couronne de comtesse ferait bien sur le coin de ce joli mouchoir, ajouta-t-il d'un air distrait en chiffonnant du bout des doigts la fine batiste bordée de valenciennes que Malvina tenait à la main.

— Vraiment, mon oncle, le roi Charles VII a couché dans la chambre où j'ai dormi cette nuit?

— Certainement. Il avait à sa suite Xaintrailles et Dunois. Je pourrais même vous montrer un pan de rideau qu'il déchira avec les éperons de ses bottes.

— En vérité?

—C'est comme je le dis.

—Et ce brillant vient de la reine Marie-Antoinette?

— J'avais juré qu'on ne l'aurait qu'avec ma vie, repartit le comte en détachant de sa cravate une petite épingle qui valait bien deux ou trois pistoles et qu'il piqua au fichu que Malvina portait autour du cou.

En cet instant, une calèche toute neuve, aux roues brillantes, aux panneaux armoiriés, souple comme un jonc, svelte et légère comme une yole, glissa mollement sur le sable de la cour et vint s'arrêter au pied du perron. On touchait aux premiers jours de l'automne, presque toujours magnifique dans les montagnes de la Creuse. Le bleu du ciel avait déjà pâli; le soleil n'avait plus que ces tièdes ardeurs qui sont, après les feux de l'été, ce qu'est après les embrâsements de la jeunesse un amour paisible et serein. Les fils de la Vierge se promenaient dans l'air; la chrysantème était près de fleurir, et les brises, en passant sur la cime des arbres, commençaient d'en tirer des bruits plus sonores. Madame Barnajon et sa fille montèrent dans la voiture où le comte et son fils prirent place vis-à-vis d'elles, puis on partit au pas allongé de deux beaux chevaux gris pommelés pour aller visiter les environs. Quoi qu'en eût dit Malvina, le pays était enchanté. Il est très vrai pourtant qu'on n'y voyait que des côteaux chargés de bruyères et de digitales, des bois sans fin, des roches escarpées, et la rivière au loin, comme un ruban d'argent, au fond de la vallée. Pour plaire à mademoiselle Barnajon, il ne manquait à tout cela que d'être peint par Cicéri sur une toile d'opéra.

On causa, car que faire dans une calèche, quand on est quatre, à moins que l'on ne cause? Le comte s'entretint avec sa sœur, Malvina avec son cousin. Quoique amoureux, Roger ne se montra pas trop maussade. Il avait vu Catherine la veille, il se promettait de la revoir le lendemain. En outre, il venait d'apprendre que le séjour de sa tante à Bigny ne se prolongerait pas au-delà de l'automne. Il savait qu'à la même époque son père partirait pour l'Allemagne, et qu'il resterait, lui Roger, seul et libre, maître du terrain. Enfin l'affection que lui avait témoignée le comte, l'assurance qu'il en avait reçue, l'espoir qu'il nourrissait de sortir victorieux de la lutte engagée, la satisfaction qu'il éprouvait d'avoir frappé le premier coup et planté son drapeau sur la brèche, tout concourut à le rendre moins hargneux et moins insupportable qu'il n'aurait pu lui-même l'espérer. Il finit même, sans y trouver le moindre charme, par se prêter d'assez bonne grâce au caquetage de sa cousine, qui parlait de tout, à tort et à travers, avec cet imperturbable aplomb que nous lui connaissons déjà.

De retour au château, après un dîner royalement servi, on se rendit au salon, illuminé comme pour une fête. Les soirées étaient déjà fraîches; un feu de fagots pétillait dans l'âtre. Malvina se mit au piano.

Elle en jouait comme tout le monde ; car, à part deux ou trois grands artistes qui sont parvenus à faire passer leur cœur et leur âme dans les flancs stupides de cet instrument sans âme et sans cœur, il est indifférent qu'on en joue mal ou bien, et tous ceux qui s'en mêlent sont également incommodes. Mademoiselle Barnajon exécuta d'abord quelques mélodies de Schubert, puis elle chanta sans sourciller quelques grands airs de *Robert-le-diable*, de la *Juive* et de la *Favorite*, entremêlés de romances et de barcarolles. Elle chantait sans goût, mais avec une de ces voix éclatantes qui passent généralement pour belles. Le comte, qui se pâmait en l'écoutant et se tordait d'admiration dans son fauteuil, déclara qu'elle jouait comme Listz, et que la Catalani, la Pasta et la Malibran n'auraient été que des écolières auprès d'elle. Roger ne put s'empêcher de reconnaître que sa cousine avait de l'agrément.

Bref, cette journée qu'il n'entrevoyait la veille qu'avec un sentiment d'épouvante, fut moins terrible et moins lente à finir qu'il ne se l'était figuré en la commençant. Sur le coup de dix heures, on prit le thé assez gaîment; puis le comte embrassa son fils, Roger embrassa sa tante, Malvina donna sa main à baiser au jeune vicomte, et, cela fait, on se retira chacun dans son appartement. Ils s'endormirent tous quatre, bercés différemment, le comte en jurant d'avoir raison de sa sœur et de son fils, madame Barnajon en se promettant bien de faire exproprier son frère, Roger en se disant qu'il épouserait Catherine, Malvina en pensant que Charles VII avait couché dans sa chambre et que son cousin serait dans deux mois comte des Songères. Roger vit en rêve la petite fée qui lui souriait, et Malvina trois merlettes d'or qui se détachaient d'un fond d'azur, voltigeaient sur ses épaules et venaient lui becqueter les lèvres.

Le lendemain était un dimanche. Depuis trois mois, Roger n'avait jamais manqué de passer le dimanche à la cure. Ce jour là, Catherine l'attendait à coup sûr, et la bonne Marthe avait économisé pendant toute la semaine pour lui pouvoir offrir quelque friandise préparée la veille. On lui faisait de petites fêtes; c'était le seul jour où l'on bût du vin à la table de François Paty. Roger arrivait à l'heure de la messe, et ne retournait à Bigny que le soir après avoir dîné au presbytère. Pour rien au monde il n'eût voulu faillir à de si doux engagements. Son amour en aurait trop souffert; il sentait aussi que la tendresse de la petite vierge en aurait souffert tout autant.

Il se leva donc de grand matin, en se déclarant à lui-même qu'il n'y avait en ce jour ni père, ni tante, ni cousine, et qu'eût-il à Bigny vingt tantes comme madame Barnajon et vingt cousines comme mademoiselle Malvina, il n'en irait pas moins à Saint-Sylvain. Le roi lui-même, passez-moi l'expression, il l'aurait planté là pour courir où l'appelait son cœur.

Comme il sortait sans bruit du château

pour aller seller son cheval, il ne fut pas médiocrement surpris d'apercevoir la calèche attelée devant le perron, et son père qui se promenait dans la cour en compagnie de maître Robineau. Le comte vint à lui aussitôt et l'embrassa avec une nouvelle effusion.

— Roger, lui dit-il, j'ai oublié de vous apprendre hier que ces dames sont dans l'habitude d'entendre la messe tous les dimanches, et qu'elles ont compté sur vous pour les accompagner à Saint-Sylvain. Mes principes bien arrêtés en matière de religion ne me permettant pas de m'offrir moi même, j'ai pensé que vous ne vous refuseriez pas à me remplacer dans cette occasion, d'autant plus que je vous sais devenu très pieux et fort assidu au service divin.

A ces mots, Roger rougit, pâlit et se troubla.

— C'est que, mon père...
— Vous ne voudrez pas me désobliger. Songez, mon jeune ami, que votre tante est une des Songères, et que les des Songères n'ont jamais plaisanté sur le chapitre des convenances; songez aussi que ce ne serait pas ma sœur, que vous auriez encore à remplir les devoirs de l'hospitalité.

— C'est que, mon père, j'ai disposé de ma journée, et qu'aujourd'hui vraiment je ne m'appartiens pas.

— Ne sauriez-vous me sacrifier quelque fantaisie de jeunesse que vous aurez demain la liberté de satisfaire? Je n'ordonne pas; je vous prie.

— Tenez, mon père, s'écria Roger en

faisant un violent effort sur lui-même, je suis pénétré jusqu'au fond de l'âme de la tendresse que vous me montrez depuis votre retour. J'en suis touché bien plus que je ne saurais l'exprimer. Il me semble que depuis hier une vie nouvelle a commencé pour moi. Permettez, souffrez cependant...

Ici Roger fut brusquement interrompu par l'éblouissante apparition de madame Barnajon et de sa fille, l'une et l'autre en grande toilette et parées à peu près, Malvina surtout, comme si elles partaient toutes deux pour le Théâtre-Italien.

La piété, on le pense bien, était pour peu dans cette affaire. Madame Barnajon n'était pas fâchée de visiter la petite église où elle se souvenait de s'être agenouillée tout enfant. Pour Malvina, elle bondissait de joie à l'idée d'aller entendre la messe dans une église de village, et poser, devant l'assistance, en châtelaine, dans le banc seigneurial.

Roger se défendit vainement. La mère le prit par un bras et la fille par l'autre. On l'entraîna dans la voiture; le comte ferma la portière, et les chevaux partirent au galop.

IV

LES DIMANCHES SE SUIVENT ET NE SE RESSEMBLENT PAS.

Ce même jour, éveillée bien avant l'*Angelus*, notre petite amie s'était levée de grand matin, mais non plus comme autrefois, fraîche et vermeille à l'égal de l'aube, et remplissant aussitôt la maison des frais éclats de sa voix joyeuse. Les roses de la santé avaient pâli sur ses joues, et la gaîté ne chantait plus dans son jeune sein. C'est ainsi qu'aux approches de l'orage, encore que le ciel soit pur et serein, les fleurs languissent sur leur tige et les oiseaux se taisent sous les ramées. Depuis plus d'une semaine l'insomnie veillait à son chevet, et la pensée qu'elle se cachait de son oncle l'obsédait à toute heure comme un remords. Cependant, quoique triste, inquiète, agitée, elle sourit doucement à l'idée qu'elle allait voir Roger et vivre près de lui une journée entière. Elle s'habilla lentement, natta ses beaux cheveux bruns avec soin ; puis, parée de ses plus riches atours, elle sortit de sa chambre et alla s'asseoir au fond du jardin, sur le tertre vert où Roger lui avait engagé sa foi. Pendant ce temps, le bon curé lisait son bréviaire sous les marronniers de la terrasse, et la vieille Marthe, penchée sur ses fourneaux, donnait la dernière main à la confection d'un plat de crême dont elle espérait bien que le jeune vicomte se lècherait les doigts. Au premier coup de la messe, Catherine se leva et se rendit à l'église, non sans plonger, en traversant la place, un long regard dans le sentier par où elle attendait Roger. Elle rencontra Claude sous le porche; mais le digne garçon, au lieu de s'arrêter à lui parler ainsi qu'il faisait naguères, se rangea silencieusement pour la laisser passer. Catherine, de son côté, n'eut pas le courage de lui rien dire, et passa timidement, comme si elle se sentait coupable. Au milieu des préoccupations qui l'absorbaient, elle ne put s'empêcher de se reporter au temps où ils allaient, elle et lui, cueillir dans les blés et le long des buissons les fleurs qu'ils semaient ensemble, chaque dimanche, sur les marches de l'autel, et peut-être se prit-elle à regretter confusément ces jours de fraternité, de paix et d'innocence. Après qu'elle eut tout disposé pour la célébration de la sainte messe, elle gagna sa place accoutumée, où les pauvres de la commune ne tardèrent pas à venir s'agenouiller autour d'elle. Bientôt la foule qui stationnait au dehors, s'écoula silencieuse et recueillie dans le temple rustique. Claude et le papa Noirel se campèrent devant le pupitre; le petit Jean agita sa sonnette; tous les genoux fléchirent, tous les fronts s'inclinèrent : le service divin commença.

Catherine priait avec ferveur : toutefois cette ferveur n'était pas telle que la petite vierge ne tournât fréquemment un regard furtif du côté du banc seigneurial. La pieuse enfant s'indignait elle-même de ces distractions, mais quoi qu'elle pût faire pour se vaincre, comme l'héliotrope vers le soleil et comme l'aiguille aimantée vers le pôle, son cœur et ses yeux se portaient malgré elle vers l'endroit où ils cherchaient Roger. Plus d'une heure s'était écoulée, le divin mystère approchait de sa fin, et Roger n'avait point paru : le banc seigneurial restait vide. Catherine commençait de s'en inquiéter, quand elle se sentit tirée par sa robe, et Paquerette lui dit à voix basse :

— Mademoiselle, mademoiselle, regardez donc les belles dames qui sont avec le joli Monsieur !

A ces mots, ayant levé les yeux de dessus son livre, la petite vierge aperçut Roger debout auprès de Malvina qui promenait sur l'assistance un regard curieux et hardi. Presque au même instant, Claude sortit du banc où il était assis, et se tournant vers Catherine :

— Pour les pauvres de la paroisse! cria-t-il de sa plus belle voix.

Pâle, muette, immobile, les yeux rivés sur mademoiselle Barnajon dont la toilette et la beauté sans voiles s'étalaient au soleil qui tombait d'aplomb sur sa tête, Catherine demeura sourde à cet appel.

— Pour les pauvres de la paroisse! répéta d'une voix formidable l'honnête Claude qui était bien loin de soupçonner ce qui se passait en ce moment dans le cœur de la petite fée.

A cette détonnation qui venait d'ébranler les vitraux de l'église, Catherine tressaillit comme frappée d'une commotion électrique. Elle essaya de se lever, mais ses jambes se dérobant sous elle, elle retomba sur son siège. Si elle avait pu voir de quel air triste et doux la regardait Roger, peut-être aurait-elle montré moins de trouble et plus d'assurance; mais elle n'avait d'yeux que pour la jeune et belle étrangère, qui attirait tous les regards de l'assemblée, quelque peu distraite par l'apparition de ces dames.

—Sont-elles belles, mon doux Jésus! sont-elles belles, la jeune surtout! dit Paquerette qui avait bien de la peine à retenir sa langue. Je les ai rencontrées hier qui se promenaient en voiture avec le joli monsieur et un vieux pas joli du tout. Il fallait les voir et les entendre, riant et causant tous quatre, la jeune avec le jeune, la vieille avec le vieux! Et les beaux chevaux! et la belle voiture! Imaginez-vous, mademoiselle....

— Tais-toi, Paquerette, et dis tes prières, murmura Catherine plus blanche que l'aube de son oncle, plus froide que la dalle où reposaient ses pieds.

— Pour les pauvres de la paroisse! répéta Claude sans se décourager, et cette fois l'église en trembla sur sa base.

— Mademoiselle, reprit Paquerette, c'est monsieur Claude qui vous invite à faire la quête pour les pauvres. On a beau dire, ajouta-t-elle, c'est encore la plus belle voix du pays.

Par un suprême effort, Catherine se leva, et, sa bourse de quêteuse à la main, elle s'avança sur les pas du jeune Noirel qui lui frayait la route à travers les rangs des fidèles. Elle était si pâle et si défaite que chacun s'en alarmait en la voyant. — Vous souffrez, qu'avez-vous, mignonne? lui disaient les matrones du hameau. — Qu'a donc la petite vierge? se disaient les paysans entre eux. Claude, qui marchait en avant, était le seul qui ne s'aperçût de rien. A toutes les questions qu'on lui adressait, à tous les témoignages d'intérêt qu'elle recueillait sur son passage, la nièce de François Paty essayait de sourire et faisait bonne contenance; mais arrivée près du banc où se tenait Roger, elle devint si tremblante que la bourse faillit échapper de ses doigts. Madame Barnajon et sa fille y déposèrent bruyamment leur offrande. Pour retourner à sa chaise, Catherine fut obligée de s'appuyer sur Claude qui remarqua son émotion, et devina sur-le-champ ce qui se passait en elle, car il avait souffert du même mal, son cœur avait saigné de la même blessure, et, chose étrange! c'est dans ce même banc où Roger lui était apparu si fatalement, l'on doit s'en souvenir, que Malvina venait d'apparaître non moins fatalement à la petite fée. Une âme ordinaire se serait crue vengée, et n'eût pas manqué d'admirer en ceci les desseins de la Providence. Mais sous ses dehors incultes, ce brave Claude, ainsi que l'avait dit le pasteur, était de l'or en barre dans un morceau de bure. Il avait l'âme mieux faite que le nez, et, en voyant souffrir Catherine, il lui sembla qu'il était lui-même atteint une deuxième fois.

— Va, rassure-toi, lui dit-il en la reconduisant à sa place : le faisan doré ne chante point comme la fauvette de nos bois, et la tulipe des jardins n'a pas la grâce de la marguerite de nos prés.

Comme la messe venait de finir, il se tint debout humblement derrière elle, attendant qu'elle eût achevé ses prières pour l'accompagner et la soutenir au besoin jusqu'au presbytère. En effet, après que madame Barnajon et Malvina se furent retirées, escortées de Roger, et laissant derrière elles un fort parfum d'eau de Portugal, de vétivert et de patchouly, ils sortirent ensemble de l'église et arrivèrent assez tôt sous l'auvent, pour voir la calèche emportant au galop des chevaux les deux étrangères et le jeune vicomte à travers la foule ébahie qui s'ouvrait pour les laisser passer. Immobile de stupeur, Catherine les suivit quelque temps des yeux, puis, quand ils eurent disparu, au bout du sentier, dans un nuage de poussière que soulevaient les roues de la voiture, elle quitta brusquement le bras de Claude, et, prenant vivement par la main Paquerette qui se trouvait là, elle l'entraîna dans sa chambre.

— Parle maintenant, parle, s'écria Catherine d'une voix émue. Tu dis donc qu'hier tu as rencontré ces deux dames qui se promenaient en voiture avec M. Roger?...

—Oui, Mademoiselle, et avec un vieux. J'étais cachée derrière une haie et je les ai vues comme je vous vois, mises toutes deux comme des princesses. Des bijoux, des plumes, des dentelles, en veux-tu en voilà ! Elles avaient chacune à la main un petit parapluie large comme un potiron et qu'elles tenaient, tout en jasant, au-dessus de leurs têtes. J'ai suivi les chevaux pendant près d'une lieue en courant derrière les buissons. Mon Dieu, les beaux chevaux ! et la belle voiture ! et les belles dames ! et le joli monsieur ! ça riait, ça babillait, ça se trémoussait, et, quand le vent poussait de mon côté leurs voiles et leurs écharpes, ça m'apportait de si douces odeurs que je me prenais à deux mains pour les respirer, et qu'en les respirant je me croyais dans la boutique d'un apothicaire. Je les suivais toujours, et je me disais : Bon! c'est demain dimanche, je conterai tout cela à mademoiselle Catherine : après la messe, ça la divertira.

— Et sais-tu, t'es-tu laissé dire qui sont ces dames, d'où elles viennent, enfin quel intérêt les amène dans ce pays?

— On dit comme ça que c'est une reine qui, ayant eu des désagréments avec ses sujets, veut acheter le château de Bigny pour s'y retirer avec sa fille. Ça expliquerait le remue-ménage qui s'est fait là-bas en ces derniers temps.

— Où donc, là-bas? demanda Catherine qui sentait, à chaque mot de Paquerette, son inquiétude redoubler.

— A Bigny, mademoiselle, au château de M. Roger.

— A Bigny ! que s'est-il donc fait en ces derniers temps à Bigny?

— Comment, mademoiselle, s'écria la petite avec étonnement, vous ne savez pas ce qui s'est fait à Bigny, en ces derniers temps? Depuis quinze jours, il n'est question que de cela dans la contrée. L'autre semaine, le père Radigois est venu souper avec mes maîtres, et toute la soirée ils n'ont pas parlé d'autres choses, si ce n'est, sauf votre respect, d'un de mes porcs qui s'était noyé la veille dans la rivière, ce qui m'en a valu des coups de fouet à travers les jambes! Quand je pense pourtant qu'il y a de petites filles comme moi que leurs mères endorment tous les soirs sur leurs genoux, qui couchent toutes les nuits dans de bons lits bien chauds et qui mangent tous les jours de la miche blanche !

— Il faut plutôt penser, Paquerette, qu'il est sur terre de pauvres petites infortunées encore plus à plaindre que toi.

— Pauvres chères âmes! c'est que, mademoiselle, elles ne vous connaissent pas, répondit Paquerette en baisant avec amour et respect les mains de la petite fée.

— Va, mon enfant, ajouta Catherine avec mélancolie, il est des douleurs plus cruelles que les tiennes et que tu ne soupçonnes point. Continue d'aimer Dieu par dessus toutes choses pour qu'il t'en préserve durant toute ta vie.

— Oui, mademoiselle, et je le prierai soir et matin pour qu'il en garde aussi la petite vierge.

— Bien, ma fille, répondit Catherine en dévorant ses pleurs, et puissent tes prières arriver jusqu'à lui! Mais tu ne me dis pas,

Paquerette, ce qui s'est passé au château de Bigny.

— Voici ! Depuis quelque temps j'entendais dire de droite et de gauche, qu'aux préparatifs qui s'y faisaient on croyait bien que le roi l'allait venir habiter avec sa famille. Un jour que je promenais par là mes animaux, je m'avisai de passer mon nez entre les barreaux de la grille et je m'assurai d'abord que le château que j'avais vu tout noir deux mois auparavant, était devenu tout blanc, comme monsieur le vicaire quand il a mis son surplis par-dessus sa soutane. Je me dis : bon ! on ne m'a pas trompée, voilà du nouveau. J'avais bonne envie de pousser plus avant, mais la crainte d'être houspillée par M. Robineau me retenait, quand j'aperçus dans une allée du parc le petit Cadet habillé en monsieur, avec des guêtres de drap aux jambes et un galon d'or à son chapeau. Vous savez, mademoiselle, qu'il n'y a pas trois semaines, le petit Cadet remplissait à Bigny les mêmes fonctions que moi à la Hachère, de sorte qu'on peut dire, sauf votre respect, que nous avons gardé les cochons ensemble. — Tiens, lui dis-je, Cadet, est-ce que tu as fait un héritage, que te voici vêtu comme un bourgeois? Il voulut d'abord se donner de grands airs, mais je m'y pris si bien et me rigolai de lui d'une si drôle de façon qu'il finit par venir à moi et par s'offrir à me tout montrer, affirmant que M. Robineau était à la ville, M. Roger aux champs, et que, pour le quart d'heure, il était lui, Cadet, seul maître du logis. Vous jugez si je me fis prier. Je laissai mes bêtes à la porte en leur recommandant d'être bien sages, et je suivis gaîment l'ami Cadet qui m'apprit, chemin faisant, qu'il était devenu *tigre*, et que, dorénavant, il ne garderait plus ses cochons qu'en voiture. — Tigre ! m'écriai-je. — Ou *groum*, si tu l'aimes mieux, me dit-il. — Ça m'est égal, dis-je à mon tour. Nous arrivions au bas du perron. — Essuie tes pieds, me dit Cadet, et figure-toi que tu vas entrer dans le château de la belle au bois dormant. Je roulai mes pattes dans le sable de la cour, Cadet ouvrit la porte et j'entrai... Mais, mademoiselle, ajouta Paquerette en s'interrompant, il est impossible que le joli monsieur qui vient si souvent à la cure ne vous ait pas conté tout ce qu'il me reste à vous dire.

—Va donc toujours ! répliqua Catherine avec un léger mouvement d'impatience.

— Et j'entrai, reprit Paquerette.

— Seulement, tâche d'être brève.

— Brève? demanda la petite.

— Oui, dis plus de choses et moins de mots.

— Oui, mademoiselle, répliqua Paquerette un peu interdite.

— Allons, va, poursuis, je t'écoute.

— Je ne sais plus où j'en étais.

— Tu entrais.

— Bon! voici que tout d'abord il me sembla que j'enfonçais jusqu'aux genoux dans quelque chose de doux et de moelleux. C'étaient des tapis si beaux et si frais qu'on aurait juré des fleurs véritables, et qu'il me vint à l'esprit de me baisser pour les cueillir. Tous les planchers en étaient couverts; il y en avait le long des escaliers et jusque dans les corridors. —

Cadet, dis-je en m'arrêtant, je n'oserai jamais marcher là-dessus. — Bah! bah! fais comme moi, dit Cadet. Et il se mit à cabrioler comme un chevreau, au risque de briser toutes ces jolies fleurs sur leurs tiges. Il me mena ainsi de chambre en chambre, et partout où j'allais, ça brillait, ça reluisait, ça flamboyait que j'en écarquillais les yeux et que j'en avais des éblouissements. Cadet se riait de l'air que j'avais; et pour m'enhardir, moins encore, je crois, que pour m'humilier, il s'étendait comme un veau dans les fauteuils, ou se roulait comme un chat sur la soie et sur le velours. Dans le salon, il ouvrit une espèce de buffet et s'amusa à taper de toutes ses forces sur de petits morceaux de corne blanche qui se prirent à chanter tout seuls, si bien que, sans y songer, je me mis à gigotter et à danser un rigodon. Si M. Robineau était entré dans ce moment-là ? ça donne la chair de poule rien que d'y songer. — Cadet, demandai-je enfin, c'est donc vrai ce qu'on dit dans le pays, que la famille royale doit venir habiter ce château?—Ça ne me regarde pas, dit Cadet en faisant la roue; va t'informer à l'intendant, il n'y a que lui et Dieu qui le sachent. Tout ce que je sais, moi, c'est que je suis *groum,* et que, depuis que je suis *groom, groum* ou *tigre,* comme tu voudras, je ne fais plus rien que boire, manger, dormir, dormir, manger et boire. — C'est un bon état, Cadet. Il faut pourtant bien, ajoutai-je, qu'on attende ici quelques grands personnages, car ce n'est pas pour ton museau, j'imagine, qu'on a cloué ces tapis et doré ces plafonds. Dis ce que tu sais, Cadet. — Je suis *groum,* répondit Cadet en se plantant sur un coussin, la tête en bas et les jambes en l'air. — Bon! bon! lui dis-je, tu vas me faire croire qu'un homme de ton importance ignore ce qui se passe au logis. Dis ce que tu sais, Cadet; rappelle-toi, si tu veux que je l'oublie, que tu n'as pas toujours été *tigre,* mon agneau, et que voici trois semaines au plus... — Eh bien! dit Cadet en se penchant à mon oreille d'un air mystérieux, entre nous, vois-tu, je crois qu'il s'agit d'un mariage...

— D'un mariage! s'écria Catherine plus pâle que la mort.

— Oui, Mademoiselle, répliqua Paquerette; d'un mariage avec **M.** Roger et la fille... Dam! ajouta-t-elle en hésitant, je vous répète ce que m'a dit Cadet.

Paquerette n'était qu'une enfant, mais il est à remarquer que les petites filles sont femmes au berceau et qu'elles ont de huit à dix ans des instincts et des intuitions que les hommes n'ont pas toujours de vingt-cinq à trente. Celle-ci comprit vaguement qu'elle avait dit une sottise ; elle se jeta au cou de Catherine et la couvrit de pleurs et de baisers.

— Allez, allez, s'écria-t-elle, Cadet n'est qu'un vaurien qui en conte plus qu'il n'en sait, et, s'il retourne d'un mariage, j'en sais plus long que lui là-dessus, je connais mieux que lui les petits pieds qui marcheront sur les jolis tapis.

— Va, dit Catherine avec douceur, va jouer avec les enfants du village. Tu n'as par semaine qu'un jour de liberté, il n'est pas juste que tu le passes à pleurer. Pourquoi pleurer d'ailleurs? Je n'en sais rien. Va, mignonne, n'oublie pas en partant d'embrasser mon oncle, dis à Marthe que je suis souffrante, et recommande qu'on me laisse en paix.

Une fois seule, elle cacha sa tête entre ses mains, et les sanglots qui l'étouffaient éclatèrent en liberté. Que se passait-il? qu'allait-il se passer? quel orage s'amassait sur sa tête? quel abîme se creusait sous ses pieds? Sans rien comprendre encore aux sentiments tumultueux de son âme, sans se demander ni chercher d'où partirait le coup de foudre qui devait la briser, elle sentait autour d'elle l'atmosphère orageuse, et dans son cœur une sourde épouvante. — Ah! pauvre Claude! s'écria-t-elle tout d'un coup, comme il a dû et comme il doit souffrir!

A peine avait-elle achevé ces paroles que la porte s'entr'ouvrit discrètement et Claude se glissa dans la chambre.

— Va-t-en! lui cria l'infortunée avec l'emportement du désespoir. Je te comprends, malheureux! tu viens te repaître de mes larmes et de ma douleur!

— Pardonne-moi, ma Catherine : j'avais promis de ne venir que lorsque tu m'appellerais. Mais voici ce que j'ai trouvé en vidant ta bourse de quêteuse, et dans la pensée qu'il pourrait bien y avoir là-dedans quelques bonnes choses qui te feraient du bien, je me suis hâté de te l'apporter.

— Donne, donne, dit Catherine.

Et dépliant de ses petits doigts un chiffon de papier d'où s'échappa une pièce d'or, elle lut d'un regard avide quelques lignes tracées au crayon par Roger, quelques mots seulement, mais où respiraient la confiance et l'amour.-

« Je vous aime. Que vous êtes belle, agenouillée et priant au milieu de vos pauvres ! Priez-vous pour notre bonheur? Vous avez pâli en m'apercevant, souffrez-vous? Vous êtes belle et rien n'est beau que vous. Mon père est de retour, avec ma tante et ma cousine que vous voyez à côté de moi. Il sait tout, et m'a écouté sans colère. Vous apprendrez le reste à notre première entrevue, demain à coup sûr, aujourd'hui peut-être. Si je ne réussis pas à m'échapper, au lieu de m'en vouloir, plaignez-moi. Vous êtes pâle, vous souffrez, qu'avez-vous? vous êtes belle et je vous aime. »

— Merci, Claude, merci, s'écria Catherine en lui tendant la main.

— Allons, tant mieux! dit le bon Claude d'un ton de satisfaction résignée.

Et, cela dit, il se retira sans plus de bruit, tandis qu'oublieuse déjà du monde entier et souriant à travers ses pleurs, ainsi qu'une matinée d'avril mêlée de pluie et de soleil, Catherine relisait le billet de Roger et s'y désaltérait à longs traits, comme au creux d'une source une biche échappée aux chiens des chasseurs.

Or, pendant que ces petites scènes se passaient à Saint-Silvain, Roger, sombre, irrité, mécontent de lui-même, retournait à Bigny, en compagnie forcée des dames Barnajon. Il avait bien tâché de s'échapper après la sortie de la messe. ne fût-ce qu'un instant, pour aller serrer la main du bon curé, dire bonjour à la vieille Marthe, et rassurer Catherine dont il n'était pas sans avoir remarqué l'attitude inquiète et troublée. Mais la foule compacte et curieuse se pressait autour de la voiture ; madame Barnajon avait hâte d'échapper aux regards de cette rustique engeance, et, sur l'invitation de sa tante, dont les grands airs et les grandes manières ne laissaient pas que de lui imposer, Roger avait dû s'en retourner comme il était venu, c'est-à-dire à son cœur défendant. Assis en face de sa cousine contre laquelle, sans s'expliquer pourquoi, il nourrissait une secrète irritation, le jeune vicomte se tenait silencieux, grave, ennuyé, presque boudeur. Madame Barnajon regardait le paysage; Malvina seule défrayait l'entretien.

— Eh! bien, disait-elle, c'est moins gai et moins amusant que je ne me l'étais figuré. Décidément ça ne vaut pas la course. Elle est affreuse, cette église, et tous ces paysans sont affreux. Et ce village, quel repaire et quel trou! L'herbe y pousse comme dans un pré et l'on y voit des poules dans les rues. Je dois pourtant convenir qu'il a une bonne tête, le curé de Saint-Sylvain. Le connaissez-vous, mon cousin? ça doit faire un vieux brave homme?

— C'est un saint homme, mademoiselle, digne de tous respects et de toute vénération.

— Oui, reprit Malvina, il m'a plu, ce patriarche. Seulement je regrette qu'il officie trop lentement. La faute en est à son grand âge. Et ce grand imbécile qui chantait au pupitre, le connaissez-vous, mon cousin?

— C'est un honnête garçon, dit Roger.

— Comment l'appelez-vous?

—Monsieur Claude.

— Il est gentil, ce monsieur Claude. Je ne sais pas ce que je préfère en lui, de son nez ou de sa voix. Et cette petite fille qui s'en allait quêtant pour les pauvres, la connaissez-vous, mon cousin?

Roger ne répondit pas.

—Elle est gentille, cette petite. Quoique mise pauvrement et sans goût, c'est sans contredit ce qu'il y avait de mieux dans l'église. Je lui conseillerais, par exemple, de s'acheter du produit de sa quête une ceinture, un fichu et une robe de rechange. Vous la connaissez, mon cousin?

—Oui, mademoiselle, et je m'en honore. C'est une noble créature, aussi pieuse que belle, aussi modeste que charmante. Les pauvres la bénissent; elle est l'ange tutélaire de ce hameau et de ces campagnes, et, quoique mise pauvrement et sans goût, je ne sache pas qu'il y ait rien de plus aimable sur la terre.

— Parlez-vous sérieusement?

—Très sérieusement, ma cousine.

Malvina se mordit les lèvres et se tut. Le reste de la route s'acheva silencieusement. Malvina adressa bien encore de loin en loin quelques questions à son cousin, mais celui-ci y répondit d'un ton si sec et si bref, que mademoiselle Barnajon, de guerre lasse, prit le parti de ne plus souffler mot. De retour au château, on passa sur-le-champ dans la salle à manger; car, bien qu'on eût emporté des provisions dans le coffre de la voiture, les estomacs criaient la faim, si ce n'est pourtant celui de Roger qui conserva, pendant tout le repas, l'attitude qu'il avait eue dans la calèche, taciturne, préoccupé, se mêlant peu à l'entretien, et ne touchant que du bout des dents aux mets qu'on lui servait. Il s'inquiétait du trouble où il avait laissé Catherine, et regrettait une journée perdue pour le bonheur; il s'en voulait aussi de n'avoir pas eu le courage de rester à Saint-Sylvain et de s'être enfui lâchement; enfin, sans bien se rendre compte de ce qui s'agitait en lui, il avait souffert dans son orgueil et dans son amour de l'humble position de sa fiancée en présence de sa tante et de sa cousine, et telle était la cause inavouée, mais réelle, de la secrète irritation qu'il ressentait depuis quelques heures contre madame Barnajon, moins encore que contre sa fille. Pour Malvina, piquée au vif de la façon dont Roger s'était exprimé en parlant de la jolie quêteuse, elle en avait gardé un vague sentiment de dépit et de jalousie, Quand les appétits commencèrent de s'appaiser, les langues se délièrent et la conversation s'engagea.

— Eh bien! mon oncle, elle est jolie votre église de Saint-Sylvain! Je n'en voudrais pas pour une grange. Le bon Dieu doit être flatté là-haut de se voir de pareilles habitations sur terre. Et l'assistance! parlons-en. Bien m'a pris ce matin, en partant, de verser dans mon mouchoir un flacon d'essence. Et votre banc seigneurial! seigneurial tant que vous voudrez;

seulement, je vous conseille d'y faire porter quelques coussins. Dis donc, maman, quand on compare ça aux messes en musique de Saint-Roch et aux solennités religieuses de Notre-Dame-de-Lorette!

— Il ne faut pas oublier, répondit madame Barnajon, que nous sommes en pays Marchois, à plus de cent lieues de Paris.

— Elle est charmante! ajouta le comte des Songères en souriant. C'est absolument, mon aimable nièce, comme si vous aviez la prétention de retrouver l'Opéra à Bourganeuf et les Bouffes à Aubusson.

— Mademoiselle, dit à son tour Roger, permettez-moi de n'être pas en ceci tout-à-fait de votre sentiment. Je ne sais rien, pour ma part, de plus contraire au véritable esprit de la religion, que ces solennités religieuses qui changent en théâtres les maisons du Seigneur, et où les chaises et les bancs se transforment en stalles de balcon et en loges de galerie. Je ne connais ni Saint-Roch, ni Notre-Dame-de-Lorette; mais j'ai visité des cathédrales, merveilles de l'art, chefs-d'œuvre de la foi, enrichies la plupart de tableaux d'Albert Durer, de Rubens et de Van-Dick. Eh bien! dans aucune, je n'ai mieux senti la présence de Dieu qu'entre les murs nus et sous le toît à jour de cette pauvre église que vous venez de maltraiter si fort.

— C'est que, sans doute, vous avez vos raisons pour en juger ainsi, mon cousin, répliqua vivement Malvina.

— Bravo! bien riposté! s'écria le comte: de la grâce comme un ange et de l'esprit comme un démon.

A ces mots le jeune homme rougit et se troubla visiblement.

— Moi qui n'ai pas les mêmes motifs que vous, reprit mademoiselle Barnajon, encouragée par l'approbation de son oncle, je déclare tout net que je n'ai pas un seul instant senti la présence de Dieu dans ce temple trop primitif. Je le regrette; ça m'aurait fait plaisir. Mais vous-même, mon cousin, il m'a paru que vous étiez moins préoccupé de la présence de la divinité que de celle...

— Mademoiselle, de grâce... dit Roger en tournant vers sa cousine un regard à la fois sévère et suppliant.

— Le fait est qu'elle est mignonne, cette petite, poursuivit impitoyablement Malvina. Vous la connaissez, mon oncle?

N'est-ce pas, maman, qu'elle est agréable? Ça n'a ni tournure, ni façon, ni manières, mais toujours est-il qu'au milieu de cette pieuse assemblée de rustres et de manants, on aurait dit un lys poussé dans une étable.

—Certainement, certainement, ajouta madame Barnajon, cette petite n'est point déplaisante du tout.

—Je te jure, maman, qu'elle est très bien, reprit Malvina, et que, dressée avec un peu de soin, ça deviendrait à la longue quelque chose d'assez avenant et de tout drôlet.

Ici Roger fit un mouvement de bête fauve prête à s'élancer sur sa proie. Ses lèvres étaient blanches; ses yeux bleus, devenus noirs, enveloppaient Malvina d'éclairs et de tempêtes.

— De qui donc, parlez-vous, ma nièce? demanda nonchalamment le comte des Songères; car, depuis plus de vingt ans que j'ai quitté ce pays, il a dû y pousser bien des lys que je ne connais pas.

— Comment, mon oncle, s'écria Malvina, vous ne connaissez pas la perle de Saint-Sylvain, l'ange tutélaire de ce hameau et de ces campagnes! Une adorable créature qui ne saurait faire un pas sans éveiller autour d'elle des concerts de bénédictions! Aussi pieuse que belle! aussi modeste que charmante! si modeste qu'elle cache ses ailes sous son fichu, de peur d'humilier son prochain. Les pauvres ne parlent d'elle qu'en pleurant et le ciel l'envie à la terre. Pour plus amples informations, adressez-vous à mon cousin, qui s'honore de la connaître et ne voit rien en ce bas monde de plus aimable ni de plus enchanteur.

— Eh! par Dieu, s'écria le comte, ce ne peut être que la nièce du curé de Saint-Sylvain; c'est la Dulcinée de Roger.

— Ah! oui-dà, repartit madame Barnajon.

— Mon père.... dit Roger d'une voix qu'altéraient en même temps la honte et le courroux.

— Vous m'en direz tant! s'écria Malvina. Eh bien! mon cousin, elle est vraiment gentille; je vous en fais mes compliments.

— Oh! mais, reprit le comte d'un ton moitié sérieux, moitié goguenard, ce sont des amours qui ne plaisantent point, et non, je vous prie, de ces amourettes qu'une saison voit naître et mourir. Les feux-follets ne sont pas notre affaire. Nous avons fait de la Creuse le fleuve du *Tendre* et de Saint-Sylvain le village *de Petits-Soins ;* mais, pour le sentiment, nous en remontrerions à tous les amants réunis de l'*Astrée,* du *Cyrus* et de la **Polexandre**. C'est de la passion à grandes volées, et, on peut le dire, poussée dans le dernier galant.

— Ah! oui-dà! répéta madame Barnajon.

— Vous voulez rire, n'est-ce pas, mon oncle ?

— Non, sur ma foi, je ne ris pas, s'écria le comte des Songères, et la preuve en est que Roger ne parle de rien moins que d'épouser sa Clélie, sa Mandane ou sa Corysandre.

Là-dessus, la mère et la fille partirent d'un long éclat de rire auquel le comte mêla bruyamment le sien, tandis que

Roger, pâle, muet et terrible, se demandait, en les regardant, si ce ne serait pas une justice de Dieu que de les étrangler tous trois.

— Quoi ! vraiment, mon neveu ?....
— Quoi ! sérieusement, mon cousin.....
— Oui, vraiment et sérieusement, dit Roger en se levant de table avec un mouvement de froide dignité.
— Vous voulez épouser cette petite ?
— Je veux l'épouser et je l'épouserai, et cette noble créature ne serait pas digne de tous égards aussi bien que de tout amour, que j'aurais droit encore de m'étonner, ajouta-t-il avec fermeté, qu'on ne respectât point ici la femme que mon cœur a choisie et qui portera le nom de mes aïeux.

A ces mots, dits d'un ton qui ne permettait pas de réplique, il sortit brusquement, marcha droit aux écuries, et, au bout de quelques instants, on put le voir s'éloigner au galop, à travers les arbres du parc, dans la direction de la grille.

Pendant que Malvina, l'air pensif et plus réfléchi que d'habitude, laissait ses doigts courir au hasard sur les touches du piano, madame Barnajon prit le bras de son frère, et tous deux s'allèrent promener autour du château. La journée avait été brûlante. De pâles éclairs, indices de chaleur, blanchissaient l'horizon, et le vent qui soufflait du sud mêlait de tièdes bouffées aux fraîches haleines d'une soirée d'automne. Le comte n'avait plus, en marchant, l'entrain d'esprit qu'il venait de montrer. Il paraissait chagrin, à ce point que sa sœur, qui ne s'en souciait guère, dut finir néanmoins par s'en apercevoir.

— Triste, mon frère? Quel ennui vous agite et quelle idée vous gêne? Peut-être pensez-vous qu'avant qu'il soit longtemps, la propriété de ce domaine aura passé de vos mains dans les miennes. Si c'est là ce qui vous préoccupe et vous assombrit de la sorte, permettez-moi de vous faire observer qu'il n'est point sage de vous attrister pour si peu. On ne tient qu'aux lieux qu'on habite. Quel besoin avez-vous de ces terres et de ce château où vous ne vivez plus depuis vingt ans au moins et que vous vous disposez à quitter pour toujours? Votre cœur ne s'en soucie guère, et les revenus n'en sont pas si considérables que vous n'y puissiez renoncer sans rien changer à votre train de vie.

— Ma sœur, répliqua le vieux renard, vous en parlez bien à votre aise; savez-vous qu'outre que ce pays s'est singulièrement amélioré durant mon absence, Bigny a plus que triplé de valeur, grâce à l'intelligente administration de l'honnête M. Robineau? Savez-vous que, pendant dix années, les revenus en ont été tout entiers employés à l'engraisser et à l'arrondir comme une poularde du Maine? Savez-vous enfin que, sans parler des embellissements du château qui en font une résidence princière, ce domaine qui, à la mort de notre père, rendait bon an mal an deux milliers d'écus, rapporte aujourd'hui clair et net vingt mille livres de rente.

— Oui-dà, vingt mille livres!

— Les registres de M. Robineau en font foi ; quand vous voudrez, je vous les montrerai.

— Vingt mille livres! mais c'est un homme charmant, ce M. Robineau. Je ne m'en serais jamais doutée, sans ce que vous venez de m'apprendre. Voyons, mon frère, remettez-vous. Vingt mille livres de rente, c'est quelque chose. Mais, Dieu merci, vous êtes riche, et l'on sait que là-bas vous avez épousé des millions. Il me semble qu'au lieu de vous affliger ainsi que vous le faites, vous devriez vous réjouir en songeant que ce château, ce parc et ces terres ne sortiront pas de la famille, et que tout cela passera du frère à la sœur. Quoi de plus touchant? Rien que d'y songer, je me sens toute émue.

— Hélas! vous êtes loin de compte, s'écria le rusé compère. Je suis triste, c'est vrai, mais c'est de voir que ce château, ce parc et ces terres, ma sœur, vous ne les aurez pas.

— Si ce n'est que cela, s'écria madame Barnajon en riant, je puis vous affirmer que vous vous alarmez à tort.

— Plût à Dieu ! s'écria le comte.

— Ayez confiance en la justice, ajouta gaîment madame Barnajon.

— Tenez, ma sœur, dit le comte des Songères avec gravité et d'un ton presque solennel, si vous m'en croyez, vous laisserez là ce persifflage malheureusement hors de saison. Je souffre des illusions où je vous vois, et j'estime qu'il est de mon devoir et de ma loyauté de ne pas attendre plus longtemps pour vous éclairer sur notre position réciproque. Je vais vous parler à cœur ouvert : veuillez m'écouter avec attention.

Ils s'assirent tous deux sur un banc circulaire, au pied d'un mélèze, et, tandis que madame Barnajon traçait des ronds sur le sable avec le bout de son ombrelle, le comte reprit en ces termes, après quelques minutes de silence et de recueillement :

— Je ne me suis jamais mépris, ma sœur, sur le sens des poursuites que vous avez entamées contre moi. J'ai compris tout d'abord que vous aviez cédé, non pas aux suggestions d'un vil intérêt, mais à celles d'un noble et légitime orgueil. J'étais aussi avant que vous-même dans le secret de vos humiliations, et je vis clairement que vous ne me disputiez l'héritage de nos ancêtres qu'à l'unique fin de vous réhabiliter à vos propres yeux et d'effacer, aux yeux du monde, la tache d'une mésalliance. Quoi qu'il en soit, je défendis mon bien. Je ne veux pas ici discuter si c'était mon droit ; vous ne nierez point que ce ne fut à coup sûr mon devoir. Je n'en souffris pas moins cruellement de nos divisions, car vous ne sauriez vous empêcher de reconnaître que je vous ai toujours tendrement aimée.

— Assurément, répliqua madame Barnajon, bien que vous ayez toujours apporté dans votre tendresse la réserve la plus délicate et la plus exquise discrétion.

—Rappelez-vous que je m'opposai de

tout mon pouvoir à votre mariage avec le Barnajon.

— N'est-ce pas quelque chose comme deux cent mille livres, qu'en partant vous oubliâtes de lui rendre?

— C'est possible. Je venais de perdre ma femme et n'avais guère le cœur à m'occuper d'argent. Pour en revenir à nos dissensions, les choses en étaient là depuis longtemps, la procédure allant son train, et nos avoués, honnêtes gens d'ailleurs, faisant leurs orges et leurs foins dans nos prés et dans nos sillons, quand je m'avisai d'un parti qui devait du même coup mettre un terme à nos différends, satisfaire vos ambitions, renouer entre nous les liens rompus et les resserrer plus étroitement que jamais.

— Vous m'intéressez vivement, dit madame Barnajon en continuant de tracer sur le sable des figures de géométrie fantastiques.

— Vous aviez une fille adorable, modèle de grâce et de beauté, fidèle image de sa mère à vingt ans. Un poète l'a dit : d'un cygne, il ne peut tomber que des plumes blanches. De mon côté, j'avais un fils, noble esprit, tendre cœur, âme virginale, caractère chevaleresque. Il me sembla que ces deux aimables enfants étaient nés tout exprès pour nous rapprocher et nous réconcilier ; je crus les voir comme deux anges qui nous prenaient, vous et moi, par la main et nous poussaient tous deux doucement l'un vers l'autre. Je n'hésitai pas ; je partis pour la France, emmenant avec moi Roger. Si vous saviez quels projets charmants je caressais pendant ce voyage! et quel joli dénoûment je rêvais à la petite comédie dont j'avais déjà disposé toutes les scènes et préparé toutes les péripéties! Non, jamais artiste n'aura couvé son œuvre avec autant d'amour. Je laissais Roger au château et j'arrivais seul à Paris. A l'aide de ruses innocentes que l'affection me rendait faciles, je parvenais bien vite à vous attirer au château. Malvina et Roger se voyaient et s'aimaient. Ma sœur, vous devinez le reste. Je vous installais tous trois dans le domaine de nos pères, j'abandonnais mon titre à Roger, Malvina était comtesse des Songères, et moi, je reprenais la route de l'exil, après avoir joui quelque temps du spectacle de vos félicités et du tableau de vos tendresses mutuelles.

— Tout ceci me paraît fort bien imaginé et pourrait être très divertissant au théâtre;

mais je ne vois pas encore où vous voulez en venir, mon frère, répondit tranquillement madame Barnajon.

—Eh! quoi, ma sœur, s'écria le comte, vous ne voyez pas que tous mes plans sont bouleversés de fond en comble? Vous ne comprenez pas qu'il n'y a que le premier acte de ma comédie qui ait complètement réussi, et que le dénoûment en est tout au moins compromis par la folle équipée de Roger?

—Eh bien! demanda madame Barnajon, qu'est-ce que cela peut me faire, que votre pièce tombe dès les premières scènes? Je n'y suis pour rien, et que m'importe, à moi, que votre fils épouse cette petite mendiante?

— Ce qu'il vous importe et ce que cela peut vous faire? D'abord, ma sœur, il n'est pas démontré que le procès pendant entre nous se termine nécessairement à votre satisfaction et à votre plus grande gloire. Si votre avoué est sûr de ma défaite, le mien se porte garant de mon succès. Le vôtre affirme que le mien est un sot ; le mien prétend que le vôtre est un âne. Auquel entendre ? Prenez ce petit portefeuille; il renferme une demi-douzaine de consultations désintéressées et toutes signées des noms les plus fameux dans le temple de la chicane. Je vous engage à les méditer. Vous y verrez que les chances sont égales de part et d'autre et que le hasard seul en décidera. Supposons maintenant que le hasard se déclare pour vous. Qu'arrivera-t-il? que vous aurez gagné le néant. Il est vrai que j'ai épousé là-bas quelque bien, mais, pour y toucher, la Thémis française n'aura pas le bras assez long. Quant à Bigny, par acte authentique bien et dûment enregistré, ce domaine cautionne la dot de ma première femme et répond à mon fils de la fortune de sa mère.

— C'est ce qu'il faudra voir, repartit sèchement madame Barnajon.

— Ma sœur, ajouta le comte en se levant, la brise fraîchit et je crois que nous ferons prudemment de ne pas rester exposés plus long-temps à la rosée du soir.

Ainsi parlant, il offrit galamment son bras à sa sœur, et tous deux reprirent le chemin du château. A son tour, madame Barnajon n'avait plus, en marchant, la verve ni l'entrain gouailleurs qui ne l'avaient pas quittée un seul instant depuis son arrivée à Bigny. Elle se taisait, et, rentrée au salon, elle ne se gêna point pour laisser percer son humeur, tandis qu'au contraire son frère redoublait autour d'elle de soins, de prévenances, de grâce et d'aménité. On se retira de bonne heure, le comte, satisfait de sa journée, riant dans sa barbe et se frottant les mains; madame Barnajon exaspérée de sentir sa proie lui échapper, et honteuse comme une fouine qu'un mulot aurait prise au piège. Quant à Malvina, elle venait d'arrêter qu'elle épouserait son cousin. Ce n'est pas qu'elle l'aimât le moins du monde, ni même qu'elle appréciât et reconnût ce qu'il y avait en lui d'aimable et de charmant; mais, outre que les trois merlettes lui trottaient déjà par la tête, il suffisait, pour la piquer au jeu, que ce jeune homme aimât une autre femme et voulût l'épouser. Conquérir un cœur libre et qui n'appartient à personne, peut paraître tout aussi glorieux que d'emporter d'assaut une place démantelée et sans garnison ; mais s'emparer d'un cœur déjà pris et déjà occupé, c'est là de quoi tenter les ambitions de toute âme aussi haut située que l'était celle de mademoiselle Barnajon.

Pendant ce temps, que faisait Roger? Roger courait à Saint-Sylvain pour se jeter aux pieds de Catherine, pour lui baiser les mains et les genoux, et pour effacer ainsi, à force de tendresse et d'adoration, les lâches affronts qu'on venait d'infliger à sa chaste et poétique image. Il allait comme la foudre, ou, pour mieux dire, comme un lion blessé, rugissant de rage et de douleur, et sentant, comme autant de flèches à son cœur saignant, les sarcasmes dont l'avaient assailli son père, sa cousine et sa tante.—Va, se disait-il courbé sur sa monture et comme emporté à travers l'espace par l'ouragan de sa colère, va, je te vengerai! Mes lèvres essuieront sur le bas de ta robe l'outrage des méchants, et je te placerai si haut que leur souffle empoisonné ne pourra plus arriver jusqu'à toi. Dans ce château où l'on t'humilie, un jour viendra, et ce jour n'est pas loin, où tu commanderas en souveraine, et je veux t'y entourer d'un culte si respectueux, que ceux-là même qui te foulent aux pieds, fleur d'innocence et de beauté, seront forcés de te rendre hommage. — Et il allait, ensenglantant les flancs de son coursier, et coupant l'air avec sa cravache, plein de fougue et d'amour, mais d'un amour déjà souffrant ; car il n'en est point qu'un trait railleur ne puisse entamer.

Cependant la nuit descendait des coteaux dans la plaine. Le couchant avait passé, par des dégradations successives, de l'or et de la pourpre aux teintes orangées, des teintes rosées au vert pâle. Les bruits du jour s'éteignaient ; les étoiles saupoudraient le ciel ; les courlis vagissaient au loin dans les roseaux.

Épuisé par la course rapide qu'il venait de fournir tout d'une haleine, le cheval s'arrêta de lui-même, fumant et blanc d'écume, au milieu d'un carrefour, et Roger profita de ce temps de repos pour remettre ses sens et pour se recueillir. La réflexion l'ayant amené sans efforts à comprendre que, même en franchissant la dernière partie du chemin aussi rapidement qu'il avait mesuré la première, il arriverait trop tard à Saint-Sylvain pour pouvoir se présenter convenablement à la cure, il tourna bride et piqua des deux vers Bigny, décidé à provoquer, dès ce même soir, une explication entre son père et lui. En effet, a peine eut-il mis pied à terre dans la cour du château que, sans prendre le temps de débrider sa monture, il se rendit, cœur ferme et tête haute, à l'appartement du comte, dont les fenêtres étaient encore éclairées.

Quand il entra, M. des Songères était en conférence avec son fidèle Robineau, et, comme celui-ci, en voyant paraître

Roger, ne fit point mine de vouloir lui céder la place :

— Monsieur Robineau, dit le jeune homme d'un ton impératif, veillez à ce que mon cheval ne manque de rien. Vous m'entendez, allez.

Sur un geste de son maître, le Robineau se retira, l'oreille basse, en jetant un regard d'hyène au jeune vicomte.

— Roger, je suis charmé de vous voir, s'écria M. des Songères. Je vous ai fait chercher toute la soirée, sans que personne ait pu me dire ce que vous étiez devenu. J'avoue qu'il m'en eût coûté de passer une nuit entière sur le regret de vous avoir affligé, offensé peut-être. Croyez au chagrin que je ressens de mon étourderie. Je m'en accuse, je m'en repens; si vous l'exigez, je m'en excuse. Le fait est que je ne pensais pas que ce fût sérieux à ce point, et si j'en ai plaisanté, c'est qu'en vérité j'étais convaincu que vous alliez en rire avec moi.

— Mon père, répliqua Roger, ce n'est point là ce qui m'amène. Ce qui est fait est fait; n'en parlons plus. Seulement, puisque vous avez rompu vous-même la trêve que vous m'aviez demandée, je pense que je suis dans mon droit en venant réclamer dès à présent l'exécution de vos promesses.

— Tranchons le mot, s'écria gaîment le comte; c'est une déclaration de guerre et vous commencez les hostilités. Asseyez-vous, ajouta-t-il plus gravement en lui montrant un siége, et, avant que je vous écoute, veuillez, vous d'abord, m'écouter. Je serai bref.

Quand ils se furent assis tous deux :

— Vous aimez la nièce d'un curé de nos environs. Comment la nommez-vous? Fanchette?..... Janneton?..... Catherine? C'est cela, mademoiselle Catherine. Catherine de quoi? peu importe. Vous l'aimez et voulez l'épouser; c'est très bien. Je pourrais au besoin vous débiter de longues phrases et de beaux discours sur l'inégalité des conditions et sur l'inconvénient des mésalliances. L'heure est avancée, je vous en fais grâce. J'admets avec vous qu'il soit tout simple, tout naturel et parfaitement équitable que le fils du comte des Songères, héritier des titres de son père, épouse une petite fille qui s'en va quêtant de ferme en ferme pour les frais du culte et pour les réparations de l'église. Rien de mieux : on a vu des rois épouser des bergères. Seulement, dites-moi, sans être riche, cette petite a-t-elle quelque bien ? car, en fin de compte, il faut vivre, et le curé de Saint-Sylvain, en vous donnant sa bénédiction, ne vous donnera pas des rentes. Tout ce que pourra faire ce saint homme sera de vous marier pour rien.

— Catherine est pauvre, mais ma mère était riche, répliqua hardiment Roger.

— Mon fils, la dot de votre mère s'est tout entière engloutie dans des spéculations malheureuses; voici quelque vingt ans qu'il n'en reste pas une obole.

— Qui donc m'en répondra, mon père, si ce n'est vous ?

— Moi, mon fils, je n'ai rien. J'ai dissipé mon patrimoine à obliger des ingrats. En 1826, j'ai versé cinquante mille écus dans la caisse du comité grec; les Turcs savent ce qu'ils sont devenus. Je n'ai rien en propre et ne suis plus qu'un pauvre exilé, vivant en Allemagne, et ne possédant d'autre fortune que celle de ma seconde femme qui, j'ai tout lieu de le craindre, ne vous permettra pas d'y toucher.

— Mais, mon père, Bigny? ce château? ce domaine?

— Hélas! mon fils, Bigny, ce château, ce domaine, tout cela, dans deux mois au plus, aura cessé de m'appartenir. Voici près de trente ans que je fis à votre oncle, M. Barnajon, l'honneur de lui emprunter quelques sommes, deux cent mille livres,

je crois, que je négligeai de lui rendre.
Un gentilhomme se serait contenté de ma
parole; votre oncle, en vrai Barnajon
qu'il était, ne me prêta que sur hypothè-
ques, si bien que les intérêts capitalisés
ayant, par suite de ma négligence, grossi
outre mesure le chiffre de ma dette, il se
trouve qu'à cette heure madame Barnajon,
votre tante, ma sœur, est en mesure de
me signifier mon congé, ce qu'elle ne
manquera pas de faire avec tous les
égards dus à mon rang et à ma qualité.

— Eh bien! mon père, s'écria Roger, je
suis jeune, je travaillerai.

— Vous travaillerez? à quoi, je vous
prie? Avez-vous un état? Savez-vous un
métier? Quoique ruiné, je vous ai fait
donner l'éducation d'un grand seigneur.
Vous ne savez rien et n'êtes bon à rien.

Vous montez joliment à cheval et ne manquez jamais une perdrix au vol; mais en ménage cela ne suffit pas. Le ménage, mon fils, est chose grave. Le ménage est un drôle qui aime ses aises et tient par-dessus tout à être chaudement couvert et grassement nourri. Réduit à vos propres ressources, avec vos habitudes de luxe et d'élégance, je vous le demande, que deviendrez-vous? Supposons, par exemple, que vous épousiez demain mademoiselle Fanchette ou mademoiselle Catherine, le nom ne fait rien à l'affaire. Faites-moi l'amitié de me dire où vous percherez avec votre colombe? car enfin, il n'est pas présumable que le curé de Saint-Sylvain, saint homme s'il en fut jamais, vous permette de faire votre nid dans un coin de son presbytère. Vos enfants, comment les éleverez-vous ? en ferez-vous des chantres de paroisse ? L'oncle trépassé, il n'est pas immortel, à quelle table irez-vous vous asseoir ? mademoiselle Jeanneton excelle, m'a-t-on dit, dans les ouvrages de broderie ? Elle vous brodera des mouchoirs. L'amour vous soutiendra ? La vie est longue et l'amour n'a qu'un jour. — Il se fait tard et j'ai sommeil, ajouta-t-il en tirant sa montre. Bonsoir, Roger. La nuit porte conseil. Dormez peu, réfléchissez beaucoup, et dites-vous bien que votre meilleur ami, si vous pouviez avoir un ami meilleur que votre père, ne vous tiendrait pas un autre langage que celui que vous venez d'entendre.

A ces mots, le comte se leva.

— Mais, mon père, demanda Roger quelque peu troublé et assez pareil à un cavalier qui s'apprête à vider les arçons, vous ne sembliez hier préoccupé que du soin d'assurer mon bonheur et mon avenir ?

— Rien n'est plus vrai, répliqua le comte en préparant sa toilette de nuit. J'avais avisé un moyen de vous poser convenablement dans la vie. Mais vous vous obstinez à vouloir épouser mademoiselle Javotte. Epousez-la ; que voulez-vous que je vous dise ?

Et comme Roger se retirait, la tête moins haute quil ne la portait en entrant :

— Eh bien ! mon fils, s'écria M. des

Songères, vous vous en allez sans m'avoir embrassé ?

Le jeune homme l'embrassa d'assez mauvaise grâce et sortit.

V

ATTAQUE AU COIN D'UN BOIS.

Suivant les recommandations de son père, il dormit peu et réfléchit beaucoup. Ses réflexions ne furent pas précisément couleur de rose. Cependant, levé avec le jour, il partit pour Saint-Sylvain; seulement, contre son habitude, cette fois au pas de sa bête. Près de la grille, au moment où il allait en franchir le seuil, il aperçut Malvina qui, levée, elle aussi, dès l'aurore, se promenait seule sur la lisière du petit bois voisin. Roger la salua froidement et se disposait à passer outre, quand sa cousine courut à lui et l'arrêta sur place par un geste charmant. Elle s'appuya contre l'encolure du cheval, et tournant vers son cousin un regard suppliant :

— Roger, ne vous éloignez pas sans m'avoir pardonné, lui dit-elle. Pardonnez-moi, s'empressa-t-elle d'ajouter sans lui laisser le temps de répondre et en l'enveloppant tout entier de la flamme de sa prunelle. Si vous saviez quelle nuit je viens de passer ! Si vous saviez ce que j'ai souffert, ce que je souffre encore, vous n'auriez pas le courage de m'en vouloir. Depuis hier, j'ai versé plus de larmes que je n'en avais répandu dans toute ma vie. Par quelle fatalité me suis-je montrée pour vous ce que je n'ai jamais été pour personne, dure, méchante, cruelle, impitoyable? J'ignore quel démon me poussait. Ah! ne me jugez pas là-dessus! Je sais, je sens que tout amour sincère est respectable, quel que soit l'objet qui l'inspire, et que s'en railler, c'est se railler de Dieu. Si je l'ai fait! oh! ne m'en voulez pas! c'est que j'ai dû croire que c'était une plaisanterie de mon oncle. Comment aurais-je pu supposer que vous, vous, mon cousin, vous aimiez cette enfant au point de la vouloir pour femme? Je le répète, j'ai cru que votre père plaisantait, et je me suis prise à rire. Quand j'ai compris que c'était sérieux, j'ai pleuré. Dites-moi que vous me pardonnez!

— Mademoiselle, répliqua Roger, ne craignez-vous pas de vous enrhumer en vous promenant si matin?

Malvina se tut et deux larmes, deux vraies larmes, roulant silencieusement sur ses joues, tombèrent sur la main de Roger.

Il s'en fallait que le cœur de notre jeune ami fût doublé d'un triple airain. En voyant ce beau sein ému et ces grands yeux noyés de pleurs :

— Je ne vous en veux plus, dit Roger.

— Merci! vous êtes bon, s'écria la jeune fille avec effusion, en pressant une main de Roger dans les siennes. Aimez, épousez cette enfant. Laissez dire le monde; soyez

heureux à votre aise et à votre guise.
N'êtes-vous pas maître de votre destinée,
libre de disposer de votre main et de votre
nom? Peut-être est-il regrettable que votre
cœur ne se soit point adressé plus haut ; je
crois sincèrement qu'aimer au-dessous
de soi est le plus grand malheur qui
puisse écheoir à un galant homme. Mais
qu'y faire? On aime où l'on peut. La
grande question est d'aimer. A tout
prendre, elle est fort bien, cette jeune
personne. Elle a, m'a-t-on dit, des habitudes d'ordre et d'économie vraiment
surprenantes : ce sera une excellente mé-
nagère. Sans doute vous pouviez prétendre
à une alliance plus élevée, aspirer à une
position plus brillante. Mais le bonheur
tient peu de place, et n'a pas besoin de vas-
tes horizons. On a fait courir le bruit que

l'amour n'est pas éternel, et que, réduit à lui-même, il languit bientôt, dépérit et meurt ; vous prouverez que ce sont autant de calomnies. D'ailleurs, n'aurez-vous pas, pour vous distraire, la pieuse intimité de votre oncle et la société de MM. Noirel, père et fils ? Soyez sûr que ce n'est qu'au village qu'on rencontre encore aujourd'hui de ces âmes simples et naïves qui vous reportent délicieusement au temps des patriarches. Une seule chose m'afflige et me désole en tout ceci, c'est qu'à cause des préjugés invétérés de ma mère, qui a la faiblesse d'être là-dessus de l'avis du monde, vous ne pourrez pas nous présenter madame des Songères, et qu'il nous faudra renoncer à des relations qui auraient pu devenir charmantes à la longue. Ingrat, vous en prendrez bien aisément votre parti, et les regrets seront pour moi seule.

A ces mots, elle s'enfuit à travers le parc, et Roger continua tristement son chemin.

VI

LE RENDEZ-VOUS.

Catherine était retombée bien vite dans l'abîme d'où l'avait tirée un instant le billet de Roger. Ç'avait été pour elle comme une branche de saule jetée du rivage à l'infortuné qui se noie. Pour ne pas alarmer son oncle, au lieu de remonter dans sa chambre, ainsi que l'y poussait son cœur, elle s'était rendue, après vêpres, dans la

salle du presbytère où s[...] ouvaient réunis, selon l'habitude du [...]r, quelques
notables de l'endroit. Il ét[...]ort question,
quand elle entra, des em[...]lissements de
Bigny, du retour du comt[...]s Songères et
de l'arrivée des dames B[...]jon au pays.
Chacun disait son mot : l'[...]ion générale
était qu'il retournait d'un[...]riage entre le
fils du comte et la jeun[...]rangère dont
on exaltait à l'envi la bea[...] car l'apparition de Malvina avait bo[...]versé tous les
esprits de Saint-Sylvain[...], si nous en
exceptons Claude, pas u[...]le ces braves
gens ne se fût avisé de [...]ıpçonner qu'il
existât au sein même de [...]ur village, une
figure plus belle dans so[...]greste simplicité que la poupée vêt[...]de gaze et de
satin, qu'ils avaient vue l[...]tin à la messe.
Aussitôt qu'il aperçut ([...]erine, Claude

essaya de l'entraîner dehors ; mais il faut que la souffrance ait des attraits à nul autre pareils. Catherine s'obstina à vouloir rester, et la malheureuse enfant dut entendre répéter, seulement d'une façon plus nette et plus précise, tout ce qu'avait dit Paquerette quelques heures auparavant.

— Va-t-en, lui disait de temps en temps Claude à voix basse. Que fais-tu là? Tu vois bien qu'ils ne savent pas ce qu'ils disent.

Catherine ne bougeait pas et paraissait prendre un plaisir cruel à tout ce qui se contait autour d'elle, tandis qu'à l'autre coin de la salle, François Paty l'observait d'un œil scrutateur. Le soir, à souper, tant qu'elle fut en présence de Marthe et de son oncle, la petite vierge tint bon, et même, comme le vieux pasteur paraissait triste et souffrant, elle sut trouver, pour l'égayer et le distraire, quelques éclairs de son humeur d'autrefois; mais une fois seule dans sa chambre, dans cet humble réduit qui l'avait vue pendant quinze ans, si riante, si vive et si légère, travaillant, priant et chantant, on peut penser quelle explosion de désespoir, et si ses pleurs recommencèrent de couler. La nuit ne fut guère meilleure pour le bon curé qui venait enfin d'entrevoir confusément ce qui se passait dans le cœur de sa nièce. Ce n'est pas qu'en mettant les choses au pire, il les jugeât au point où elles étaient véritablement : toutefois, bien qu'il ne crût à rien de grave, il s'accusa d'avoir encouragé avec trop de complaisance les assiduités de Roger et se félicita du retour du comte qui allait mettre forcément un terme aux visites de ce jeune homme. Il se consulta pour savoir s'il en parlerait à Catherine; mais il croyait le mal si peu avancé qu'il craignit de l'aggraver en y touchant. D'ailleurs, le bon pasteur se défiait un peu de sa perspicacité, et n'était pas bien sûr d'avoir deviné juste en cette affaire. Cependant l'attitude de Catherine, son front chargé d'ennuis, ses yeux brûlés de larmes, tout lui disait que cette douce et chère créature souffrait, et François Paty avait fini par comprendre que le digne Claude, malgré ses excellentes qualités, ne pouvait pas être l'unique cause d'un si prompt changement et d'un si grand ravage.

Le lendemain, comme il se promenait

seul sous les marronniers de la terrasse, plongé dans ces réfléxions et se réjouissant déjà de ce que Roger ne s'était point montré le dimanche à la cure, reconnaissant là et bénissant l'influence du comte des Songères, il aperçut Roger dans la cour. Presqu'au même instant Catherine parut au bas de l'escalier, et les deux jeunes gens restèrent interdits devant François Paty, qui les regardait pourtant avec bonté. Il les prit doucement chacun par un bras, et, après les avoir entraînés au fond du jardin, il répéta d'un ton ferme, quoique paternel, ce qu'il leur avait dit un soir, qu'ils devaient songer à ne plus se voir, puisqu'à présent que le comte était de retour, Roger ne pourrait plus venir sans désobliger son père. Bref, quoiqu'il eût l'air d'en souffrir et quoiqu'il en souffrit réellement pour son propre compte, il lui fit clairement entendre que ses visites ne devaient plus être aussi fréquentes que par le passé et que même il conviendrait peut-être qu'il y renonçât entièrement. Ce n'est pas qu'il se méfiât de ces deux aimables cœurs; à Dieu ne plaise! mais outre qu'il était très sincère dans tout ce qu'il disait là-dessus, ne voulant pas être entre le père et le fils un sujet de discorde et de division, il commençait de s'alarmer sérieusement et de trembler pour le repos de sa bien-aimée fille. Tandis qu'il parlait, Catherine, éperdue, n'attendait qu'un geste ou qu'un regard de Roger pour se jeter dans les bras de son oncle et pour lui tout avouer; mais Roger n'opposa que des réponses évasives, et la pauvre petite créature dut encore une fois refouler dans son sein le secret qui la consumait. Ils se quittèrent dans la soirée sans avoir pu réussir à se trouver seuls un moment, si bien qu'après cette entrevue, sur laquelle elle avait compté pour savoir si elle devait vivre ou mourir, Catherine se sentit dévorée de plus d'angoisses qu'elle ne l'était la veille. Roger lui avait semblé contraint, triste, abattu, découragé; il était parti sans dire quand il reviendrait; elle avait cherché vainement sur son front, dans sa voix, dans ses yeux et dans son maintien l'assurance et l'intrépidité qui l'avaient soutenue jusqu'ici. Demeuré seul avec sa nièce, le pasteur voulut la prendre entre ses bras; mais, se dérobant aux caresses de son oncle, elle s'enfuit tout éplorée, et François Paty vit avec effroi qu'il ne s'était pas trompé. Retirée dans sa chambre,

Catherine se laissa tomber sur son lit, et son âme tout entière s'exhala en cris de détresse. Hélas! ce n'était plus cette enfant soumise et résignée qui, voici quelques jours, disait à Roger : « Partez et ne revenez plus! » C'est que l'amour est ainsi fait : toujours prêt à renoncer au bonheur tant qu'il en est sûr, s'y cramponnant avec désespoir aussitôt qu'il craint de le perdre.

Ainsi tout allait de mal en pire au presbytère. Une fièvre lente minait sourdement Catherine. François Paty observait sa nièce avec inquiétude, demandant à Dieu de l'éclairer, de l'inspirer et de diriger la main qui devait toucher, pour essayer de les guérir, aux blessures de ce jeune cœur. De son côté, la vieille Marthe, aux abois et ne comprenant rien de ce qui se passait autour d'elle, allait, venait et s'agittait sans but. Cependant par une après midi, Paquerette se glissa comme un furet dans la cure et grimpa comme un chat à la chambre de la petite vierge. Après avoir fermé la porte et s'être assuré que Catherine était bien seule, elle lui sauta au cou, puis tirant de sa poche une lettre, elle la montra d'un air de triomphe et de mystère. C'étaient quelques lignes de Roger ; tout y respirait l'amour, mais non plus la confiance, et l'on y sentait trop que ce jeune homme avait perdu la sécurité qu'il essayait encore d'inspirer à sa bien-aimée. Ardente, passionnée, mais vague dans l'expression et ne précisant rien, cette lettre, au lieu de calmer Catherine, ne fit que redoubler la fièvre qui lui rongeait les os.

Un soir, en revenant de la ville où son oncle l'avait envoyée le matin, je ne sais plus sous quel prétexte, mais en réalité pour essayer de la distraire, Catherine se détourna de son chemin, et, comme si elle était dans le secret des préoccupations de sa maîtresse, la douce Annette, allongeant le pas, prit d'elle-même un sentier de traverse qui la conduisit à Bigny. Il faisait nuit noire quand elle s'arrêta devant la grille. Poussée par le démon de la douleur, Catherine mit pied à terre, et entr'ouvrant la porte sans bruit, elle se glissa dans le parc, si émue qu'elle tenait son cœur à deux mains comme pour l'empêcher d'éclater. Elle reconnut la place où, pour la première fois, elle avait rencontré Roger. Quelques mois seulement avaient passé depuis cette rencontre, et pourtant qu'elle était changée de ce qu'elle était alors! Il y avait la même différence qu'entre cette soirée d'octobre et la matinée de mai où Roger lui était apparu. Elle allait à pas craintifs, et, à mesure qu'elle approchait du château, elle entendait plus distinctement les sons du piano qui accompagnait la voix de Malvina. Elle s'assit sur l'herbe, et, la tête entre ses mains, elle écouta ces chants qui semblaient se railler de sa tristesse. Lorsqu'elle se releva, le piano se taisait, et Catherine n'entendait plus que les plaintes du vent dans les rameaux des pins et des mélèzes, quand le sable de l'allée cria auprès d'elle, et, pour n'être pas surprise, elle n'eut que le temps de se cacher derrière un cyprès. Deux ombres s'avançaient à pas lents, et, bien que la soirée fut très sombre, Catherine, reconnut aussitôt Roger et la belle étrangère. C'était, en effet, mademoiselle Barnajon, enveloppée d'un burnous de cachemire blanc, et nonchalamment appuyée sur le bras du jeune vicomte.

— Pourquoi si triste et si rêveur? disait-elle. Tandis que je chantais, j'ai vu des pleurs qui roulaient dans vos yeux. Qu'avez-vous? Parlez-moi. Je voudrais avoir toutes les ressources d'esprit que je n'ai pas, je les emploierais à tâcher de vous égayer et de vous distraire. Malheureusement, je n'ai que mon cœur. Roger, ce cœur vous est ouvert; je sens avec orgueil que le ciel ne l'a pas fait trop indigne du vôtre.

Le couple s'était éloigné; Catherine n'en entendit pas davantage, Mais ce qu'elle venait de voir et d'entendre avait suffi pour achever de lui mettre la mort et l'enfer dans le sein.

Or, cette enfant était une nature à la fois trop richement douée pour renoncer aisément au bonheur, trop pure pour douter de Roger, trop honnête pour accepter plus longtemps la position où ce jeune homme la plaçait. Elle résolut d'en sortir, et, le jour suivant, d'une main plus exercée aux jeux de l'aiguille qu'aux travaux de la plume, elle écrivit :

« Vous ne sentez donc pas que je souffre! Il n'y a donc rien qui vous dise que je me meurs de tristesse et d'ennui ! Il me semble que si vous étiez malheureux, fussiez-vous à mille lieues de moi, le monde entier me le dirait; fussions-nous séparés par les monts et les mers, il me semble que si vos yeux versaient une larme, je la sentirais aussitôt tomber sur mon cœur. Je m'agite, je souffre et suis bien malheureuse. Dieu s'est retiré de cette maison; mon ange gardien m'a quittée; je ne puis plus, je n'ose plus prier; je n'ai plus goût à rien. Que se passe-t-il? Je ne doute pas de vous, je crois en vous comme en moi-même; mais je suis trop inquiète et trop tourmentée pour n'être pas menacée de quelque épouvantable malheur. Par instants, je crois sentir, aux déchirements de mon cœur, les défaillances du vôtre. Je me trompe, n'est-il pas vrai, mon Roger? Vous m'aimez, vous m'aimez encore, vous voulez bien m'aimer toujours? C'est depuis que je vous ai vu à la messe avec ces dames que je souffre tant. Depuis ce jour, j'ai là comme un serpent qui me déchire et qui me dévore. Que mon sort se décide! Il faut que je vous voie, il faut que je vous parle, il faut surtout que je vous entende. Ce que je vais faire est mal; mais je ne puis plus vivre ainsi et tout vaut mieux que l'état d'angoisse où je me consume. Ecoutez donc : entre Saint-Sylvain et la Hachère, il est, sur le bord du chemin, un gros chêne que vous avez dû remarquer à cause d'une sainte vierge et d'un enfant Jésus que l'on y voit entre les branches. Demain, à midi, au coup de l'*angelus,* je serai au pied de ce chêne. »

Elle plia ce billet et le confia le jour même à Paquerette qui passait par là, et qui partit de son pied léger, plus fière qu'un élève en diplomatie chargé d'une mission secrète près de la cour de Vienne ou de Berlin.

Ne doutant pas que la lettre n'eût été remise à Roger, Catherine s'échappa le lendemain de la cure et prit le sentier de La Hachère, non plus sur Annette, mais à pied cette fois, comme pour une promenade dans les environs.

La matinée était froide et brumeuse. Un brouillard épais et cotonneux rasait les guérets, rampait le long des coteaux et accrochait ses flocons de ouate aux flancs rouillés des vallons et des bois. La nature se sentait déjà saisie du premier frisson de l'hiver. Les roitelets et les rouge-gorges voletaient de branche en branche d'un air effaré ; sous le ciel terne et gris filaient des bataillons de grues; l'or des ajoncs commençait de briller çà et la dans les landes, où l'araignée avait tendu ses toiles, pareilles à de petits hamacs abandonnés par les lutins et par les sylphes de la nuit.

Catherine contemplait avec un sentiment de tristesse attendrie et presque de reconnaissance, ce paysage morne et voilé dont les teintes s'harmoniaient avec les dispositions de son âme; il lui semblait que la création tout entière portait le deuil de son bonheur et de ses beaux jours. Elle marchait le front baissé, et, en la voyant passer, il eût été bien difficile de reconnaître en elle l'heureuse enfant qui glissait, voici quelques mois, le long des haies, fraîche et souriante comme le printemps, vive et joyeuse comme l'alouette des blés. Cependant, quand le soleil, déchirant la brume qui l'enveloppait, se prit à briller de cet éclat si doux au déclin de l'automne, elle sentit un rayon de chaleur et de vie pénétrer dans son sein. Elle allait voir Roger; il lui paraissait impossible qu'aucun malheur pût l'atteindre par un si beau soleil, sous un ciel si serein.

Le même jour, à la même heure, le comte des Songères et sa sœur se promenaient ensemble à travers les campagnes. Ce n'est pas que madame Barnajon eût goût le moins du monde à ces excursions matinales; mais le comte l'avait entraînée, et, bon gré mal gré, elle avait dû se laisser conduire. Depuis le dernier entretien qu'elle avait eu avec son frère, madame Barnajon avait beaucoup médité et beaucoup réfléchi. L'égoïsme et la réflexion l'avaient amenée par des pentes insensibles à envisager sous un nouveau jour la question de ses intérêts. Après avoir passé de longues heures sur les consultations que le comte avait soumises à son appréciation, elle s'était vue forcée de convenir avec elle-même que les chances étaient égales des deux côtés, la victoire incertaine, et que le sort seul en déciderait. Or, depuis qu'elle savait que Bigny rapportait bon an mal an vingt-mille livres, elle était devenue plus circonspecte et se sentait moins disposée à courir les aventures d'un procès et les hasards de la justice. D'une autre part, s'il était vrai que Bigny répondît à Roger de la fortune de sa mère, madame Barnajon devait n'y plus songer. Enfin, ce qu'elle avait observé de l'humeur, de l'esprit et du caractère de ce jeune homme, lui souriait assez et ne contrariait en rien ses habitudes de souveraineté. Vingt mille livres de rente ! Malvina comtesse ! un gendre facile à mener ! Pour toutes ces raisons, madame Barnajon était arrivée à souhaiter tout aussi ardemment que le comte un mariage entre sa fille et son neveu, et c'était à cette heure l'unique but de ses ambitions.

— Eh bien ! mon frère, disait-elle, tout posé, tout vu, tout calculé, je crois que vous aviez raison l'autre soir. Ce n'est pas que je juge ma cause désespérée ; bien loin de là. J'ai jeté les yeux sur les pièces que vous m'avez remises ; je ne me tiens pas pour battue. Quant aux droits de votre fils, je les nie ; nous avons pour nous la priorité. Mais je trouve qu'il est triste et peu moral de donner au monde le spectacle de nos dissentiments, et si vous persistez à penser qu'un mariage entre nos deux enfants...

— Oui, certainement, j'y persiste, s'écria le comte ; mais, voilà le diable ! ce Roger est amoureux comme un enragé, et vous savez aussi bien que moi que ce n'est pas de votre fille.

— Laissez donc ! s'écria madame Barnajon en haussant les épaules. Vous allez me faire accroire que le fils du comte des Songères est sérieusement épris de cette petite paysanne ?

— Sérieusement, ma sœur, et, je vous le répète, au point de la vouloir épouser. Voulez-vous une preuve que ce sont des amours qui ne plaisantent pas ? Lisez cette lettre ; elle est de la petite. Je n'ai pas besoin de vous dire que c'est le hasard seul qui me l'a fait tomber entre les mains.

A ces mots, il tendit à sa sœur la lettre de la petite vierge. Lasse de rôder autour du château, Paquerette avait pris le parti de la remettre à son ami Cadet qui, suivant ses instructions, n'avait eu rien de plus pressé que de l'aller porter à maître Robineau.

— Un rendez-vous! s'écria madame Barnajon après avoir lu la lettre de Catherine.

— Oui, ma sœur, un rendez-vous. Qu'on vienne nous chanter maintenant que l'innocence habite les hameaux et que la pudeur, en désertant les villes, s'est réfugiée sur le bord des ruisseaux!

— Un rendez-vous! répéta madame Barnajon. Un rendez-vous au pied d'un enfant Jésus et d'une sainte Vierge !

— Façon charmante, ajouta le comte, de concilier les exigences du ciel et celles de la terre.

— Savez-vous bien, mon frère, que c'est affreux, cela ! Savez-vous qu'il est de notre devoir d'empêcher qu'un pareil scandale se passe dans le domaine de nos pères, sur la terre de nos aïeux ?

— Que diable voulez-vous que j'y fasse? répliqua M. des Songères. Sauriez-vous, par hasard, le secret d'empêcher les nuages d'aller où le vent les pousse, et les amants où l'amour les conduit ?

— Mais songez donc, mon frère, que cette petite malheureuse va se perdre à jamais ! La nièce d'un curé ! quelle horreur ! Il faut courir à elle, lui montrer l'abîme entr'ouvert sous ses pieds; il faut la sauver à tout prix.

— Ma sœur, ces sentiments vous honorent. Tenez, ajouta-t-il en s'arrêtant au détour du chemin, voici précisément le chêne à la Vierge, et, si mes yeux ne me trompent pas, ce doit être la belle en question que j'aperçois assise au pied de l'arbre. Ma sœur, c'est Dieu qui nous a conduits.

— Allons, mon frère, allons! s'écria résolument madame Barnajon, il s'agit de sauver une âme.

VII

UN MALHEUR NE VIENT JAMAIS SEUL.

Assise au pied d'un chêne séculaire, placé de temps immémorial sous l'invocation de la Vierge qui, du haut de sa niche de branchages et de verdure, paraissait abaisser sur elle un regard souriant et protecteur, Catherine suivait d'un œil distrait les feuilles tournoyantes qu'abattait le vent, images de ses illusions près de se disperser au souffle glacé de la réalité. Tout d'un coup elle entendit un bruit de pas; et, s'étant levée brusquement, pensant bien que c'était Roger, elle se trouva face à face avec madame Barnajon, qu'elle reconnut quoique ne l'ayant vue qu'une fois. La jeune fille devint si tremblante que madame Barnajon fut obligée de la soutenir et de la faire asseoir auprès d'elle.

— Remettez-vous, ma chère enfant, dit-elle d'un ton de bonté familière, en lui prenant les mains qu'elle pressa affectueusement dans les siennes. Ce n'est pas un juge sévère, c'est bien plutôt une amie que le ciel vous envoie. Si le hasard m'a rendue maîtresse des secrets de votre petit cœur, n'en ayez point de honte ni d'effroi;

ma discrétion vous est acquise tout autant que mon indulgence.

— Je n'ai ni peur ni honte, Madame, répondit doucement Catherine qui venait à ces mots de relever le front. Je ne repousse pas l'aumône de votre indulgence, bien que j'ignore à quel titre elle m'est offerte; mais votre discrétion, je n'en ai pas besoin. Petits ou grands, Dieu lit dans tous les cœurs, et, si j'étais coupable, Dieu le saurait déjà.

— Coupable, vous ne l'êtes pas, mon enfant; mais vous pourriez le devenir, si l'on ne vous montrait les dangers auxquels vous exposent votre jeunesse et votre inexpérience.

— De quels dangers voulez-vous parler, Madame? demanda Catherine d'un air étonné. Je n'ai jamais fait de mal à personne. A cause de mon oncle, tout ce pays me respecte et m'aime; il n'est pas jusqu'aux chiens des pâtres qui ne me connaissent et ne viennent me lécher les mains.

— Sans doute, sans doute, reprit en souriant madame Barnajon ; mais les dangers les plus sérieux sont précisément ceux qu'on ne soupçonne pas. Voyons, ma chère petite, souffrez que je vous parle comme si j'étais votre mère. Ce n'est pas moi que vous attendiez, à cette heure et à cette place?

— Non, Madame, et voici pourquoi je me suis sentie troublée en vous voyant.

— Vous attendiez le fils du comte des Songères ?

— Oui, Madame, je l'attendais, dit sans hésiter Catherine.

— Vous l'aimez pourtant ; il vous aime ?

— Oui, Madame, nous nous aimons ; c'est pour cela que je l'attendais.

— Et vous ne craignez pas de vous rencontrer seule, à travers champs, avec ce jeune homme ?

— Puisqu'il m'aime, Madame, que puis-je avoir à redouter ? répondit la jeune fille avec sérénité.

Après quelques instants de réflexion silencieuse :

— Posons nettement la question. Vous aimez Roger, il vous aime ; il a promis de vous épouser ?

— Madame...

— Ne vous effarouchez point ; ce jeune homme étant le fils de mon frère, vous me reconnaissez bien quelque droit à me mêler un peu de cette grande affaire. Vous êtes charmante, ma chère petite. Depuis quelque trente ans que j'ai quitté cette contrée, j'étais loin de me douter qu'il y poussât des fleurs aussi fraîches et aussi gracieuses. La première fois que je vous vis, c'était à la messe ; vous quêtiez pour les pauvres. Je fus frappée de votre bon air. Ce n'est pas tout. On vante à l'envi vos vertus et votre piété. Vous excellez, dit-on, à parer l'église de Saint-Sylvain les dimanches et les jours de fête. Enfin, si j'en dois croire la voix publique, vous brodez à merveille, avec un goût exquis. Il faudrait que je fusse bien difficile pour ne pas m'estimer heureuse de pouvoir vous nommer ma nièce. Malheureusement, nous avons dans notre famille et dans notre monde d'assez sottes idées qui vous en excluent rigoureusement.

— Croyez, Madame, qu'il m'en coûterait d'être une étrangère dans la famille de mon mari, répondit Catherine avec dignité; mais je ne m'inquièterais point de savoir s'il est sous le ciel un autre monde que le coin de terre où je me sentirais aimée.

— Votre mari ne l'ignorerait pas, lui. Tout ce qu'il pourrait faire, serait de l'oublier d'abord; mais un jour viendrait nécessairement où il finirait par s'en souvenir. L'amour, ma chère petite, peut bien remplir tout entière notre vie, à nous autres femmes qui n'avons rien de mieux pour nous distraire; mais, dans l'existence d'un homme, ce n'est qu'un bien court épisode qui en occupe à peine la fraîche matinée. Vous n'auriez pas d'autre ambition que de vivre sans bruit au fond de ces campagnes ; mais quand Roger aurait découvert que vous lui fermez sa famille et le monde, quels regrets alors ne seraient pas les siens, quels remords ne seraient pas les vôtres !

— Tout ce que vous me dites, Madame, je l'ai dit à peu près à monsieur Roger, répondit humblement Catherine en baissant la tête.

— J'en suis convaincue, mon enfant; je vous tiens pour l'honneur et la délicatesse même. Je n'ai pu me décider à croire un seul instant aux rumeurs qui circulent, que vous avez tout essayé pour en amener là mon neveu, et que votre oncle s'est fait, tout au moins par ses complaisances, le complice de vos séductions.

— Oh !.... Madame ! s'écria Catherine, la rougeur au visage et en joignant ses mains par un brusque mouvement de fierté outragée, si vous connaissez les malheureux qui disent cela, recommandez-leur de se taire, recommandez-le leur bien, Madame, car on leur ferait un mauvais parti dans le pays, et Claude les tuerait peut-être.

— Je vous répète, mon enfant, que je n'en ai rien cru. La preuve, c'est que me voici. Je n'ai pas hésité à venir vous trouver. Je suis venue, franchement et loyalement, m'adresser à votre raison, moins encore qu'à votre amour ; car, dans les nobles cœurs comme le vôtre, l'amour est généreux et ne recule pas, au besoin, devant l'immolation de lui-même.

— O mon Dieu ! s'écria la jeune fille en

retenant ses pleurs, il n'est pas en moi de ne plus l'aimer; mais, s'il faut que je meure, dites-le, je suis prête.

— Non, ma chère petite, non, il ne faut pas que vous mouriez; seulement, je ne dois pas vous dissimuler que vous êtes, dès à présent, un obstacle dans la vie de ce jeune homme. Par sa naissance et par sa fortune, héritier des titres et des biens du comte des Songères, Roger était appelé à de brillantes destinées auxquelles votre amour lui interdit désormais de prétendre. Vous brisez toutes les espérances que nous avions posées sur cette blonde tête; vous renversez tous les plans que nous avions formés pour son bonheur. Je ne veux rien vous cacher, Mademoiselle : vous réduisez au désespoir toute une famille mortellement frappée dans le dernier rejeton de sa race. Déjà mon frère ne parle de rien moins que de maudire et de déshériter son fils. Entre ces deux cœurs étroitement unis jusqu'alors, vous avez, à votre insu, sans le vouloir, fatalement semé la discorde. Sous ce toit où nous étions arrivés si joyeux, ce ne sont, depuis notre retour, que des scènes de violence et de désolation profonde. En présence de si grands désastres, que ferez-vous? que comptez-vous faire? Consommerez-vous le malheur de notre maison? achèverez-vous d'entraîner Roger à sa perte? Ce n'est plus pour vous, c'est pour lui que je vous prie et que je vous adjure. Ange d'innocence et de piété, soyez forte contre vous et contre lui-même. Rendez à ses devoirs cette âme qui ne se connaît plus, en la forçant de reprendre la foi qu'elle vous a donnée dans une heure d'ivresse, de passion et d'oubli. Hélas! c'est une famille entière qui vous parle ici par ma voix. C'est un père éploré qui embrasse vos genoux; c'est une mère qui, du haut du ciel, vous conjure de sauver son enfant!

Elle parla longtemps ainsi sans être interrompue, montrant et exagérant à plaisir toutes les calamités attachées aux alliances disproportionnées. Les bras croisés sur sa poitrine, blanche, muette, immobile comme une statue au pied d'un tombeau, Catherine la laissait dire.

— Que voulez-vous, ma pauvre enfant? la vie est ainsi faite; vous ne la changerez pas. Dieu vous soutiendra dans cette dure épreuve et vous recueillerez plus tard le prix de votre sacrifice. Je sais ce qu'il en coûte de perdre un amant. C'est un rude moment à passer; mais vous verrez qu'on en revient. Je puis même affirmer qu'on s'en console. Vous êtes jeune, et si la vie n'a qu'un printemps, ce printemps a plus d'un amour. Je n'ai pas besoin de vous dire que mon neveu doit ignorer la démarche que je viens de faire; autrement, ce serait envenimer le mal au lieu de le guérir. Vous êtes jolie comme un cœur. Notre famille n'est pas ingrate; comptez sur sa reconnaissance. Nous ne négligerons rien pour récompenser dignement votre dévoûment et votre abnégation. Nous nous emploierons de notre mieux à votre bonheur. Votre église est pauvre, nous l'enrichirons. Votre oncle est vieux, nous ferons de lui un chanoine. Convoitet-il la cure de Boussac ou de Bourganeuf ? nous l'y pousserons. Pour vous, ma chère petite, en attendant que je puisse vous marier avantageusement, je vous procurerai de l'ouvrage, et je m'engage, pour ma part, à ne porter ni fichu ni mouchoir qui n'ait été brodé de cette jolie main.

Toujours dans la même attitude, Catherine ne répondait pas. Redoutant une explosion de désespoir, madame Barnajon l'appuya contre le tronc du chêne à la Vierge, lui fit respirer un flacon de sels anglais; puis, cela fait, elle s'éloigna à la hâte, comme si après avoir enfoncé un couteau dans le sein de cette infortunée, elle craignait de mettre du sang à sa robe.

Une heure après, Catherine retournait à Saint-Sylvain, brisée, anéantie, n'ayant même plus la force de souffrir ni l'énergie de se rendre compte de ce qui venait de se passer. Elle allait, cueillant çà et là les fleurs d'automne qu'elle effeuillait machinalement le long de la route, et, à voir sa démarche inégale, son regard doux et vague, sur ses lèvres ce je ne sais quel sourire mille fois plus poignant et plus terrible que l'emportement du désespoir, on l'eût dite atteinte, comme Ophélia, d'une poétique folie.

Arrivée sur un plateau qui dominait la vallée de la Creuse, elle reconnut, à travers le rideau éclairci des trembles et des peupliers, Roger et Malvina, chevauchant côte à côte, et suivis à cent pas de distance par ce polisson de Cadet dont les bottes à revers jaunes, les galons dorés et la ceinture de cuir verni reluisaient aux feux du couchant. Vétue d'une amazone de drap bleu qui sculptait richement les contours de sa taille, coiffée d'un chapeau de feutre gris dont le voile vert flottait à la brise, Malvina montait avec autant d'adresse que de grâce un fin alezan limousin, magnifiquement harnaché, et relevant le pas avec orgueil, comme s'il était fier du poids de sa belle maîtresse.

Catherine pensa à sa petite jupe d'indienne, à son chapeau de paille, à sa modeste Annette ; et souriant tristement, elle poursuivit son chemin.

A quelques pas de là, elle rencontra Claude, qui se promenait philosophiquement, comme toujours, le nez en l'air et les mains dans ses poches. Elle ne put se défendre, en l'apercevant, d'un mouvement de joie et presque de bonheur. La douleur l'avait, à son insu, rapprochée de ce vieux compagnon. Catherine lui prit le bras sans rien dire, et tous deux s'avancèrent en silence.

Ils allaient ainsi depuis une heure, échangeant, à longs intervalles, quelque parole insignifiante, lorsqu'ils aperçurent, du côté de Saint-Sylvain, une lueur rougeâtre qui embrasait tout l'horizon et projetait au loin sur le paysage des reflets livides. Ils pensèrent d'abord que c'était un effet de soleil couchant ; mais ils ne purent longtemps s'y méprendre, le soleil venant de s'abîmer à l'autre bout de l'horizon. A mesure que la nuit descendait, la lueur envahissait le ciel et devenait plus rouge et plus ardente. C'était un nuage aux flancs sanglants, à la base immobile et sombre, à la crête enflammée comme la cime d'un volcan. Claude et Catherine se regardèrent l'un l'autre avec effroi sans oser d'abord se faire part de leurs réfléxions.

— C'est une aurore boréale, dit enfin Claude pour rassurer sa petite amie ; rappelle-toi que l'an passé, vers la fin de l'automne, nous vîmes, de la terrasse de la cure, un spectacle tout-à-fait pareil.

— Vois-tu, vois-tu ces étincelles ?

— Ce sont les étoiles qui se lèvent.

— Cette fumée ?

— C'est la brume du soir.

— Écoute! écoute! s'écria Catherine en le forçant à s'arrêter.

— C'est la clochette des troupeaux, dit Claude.

— Écoute encore! dit Catherine.

Ils prêtèrent l'oreille et, au bout de quelques secondes, à travers les mille bruits qui s'élèvent des campagnes au déclin du jour, ils reconnurent le glas du tocsin.

— Le feu! c'est le feu! dit Claude.
— Où? demanda Catherine.
— A Saint-Sylvain; c'est la voix, je la reconnais, de la cloche de notre village.

Ils hâtèrent le pas sans ajouter une parole.

Aux approches du hameau tout n'était que désordre, confusion et désolation. Les bestiaux, qu'on avait retirés des étables, vaguaient au hasard en poussant de longs mugissements. Des meubles, à demi consumés, des bahuts de chêne, des sacs de grain, des matelas, des courtines de serge verte, jonchaient le sol et encombraient les avenues. Là, de pauvres femmes traînaient par la main leurs petits en guenilles, désormais sans abri; ici, toute une famille se lamentait sur les débris fumants de son humble fortune.

Quand Claude et Catherine entrèrent dans le village, l'incendie avait dévoré deux maisons; une troisième était en feu. Attroupée devant la porte d'où la flamme s'échappait comme d'un cratère, la foule inoccupée, mais non indifférente, paraissait attendre, dans une anxiété que nous devons renoncer à décrire, le dénoûment d'un drame dont Catherine et Claude n'avaient pu voir le commencement. Tous les cœurs paraissaient profondément émus; la pâleur était sur tous les fronts ; la terreur se lisait sur tous les visages.

— Mon oncle, où est mon oncle ? s'écria Catherine qui cherchait François Paty sans pouvoir le trouver. Mon oncle est mort! ajouta-t-elle en apercevant dans un groupe la vieille Marthe qui se tordait les bras et qu'on était obligé de retenir pour l'empêcher de se précipiter dans la fournaise.

Voici ce qui s'était passé :

Les maîtres du logis qui brûlait n'étant pas encore revenus des champs, on s'était empressé, aussitôt que le feu avait gagné le toit, d'en emporter le mobilier et les ustensiles, gisant pêle-mêle sur la place de l'église où on les avait déposés. Tout était sauvé ou à peu près ; on n'avait guère oublié qu'un enfant au maillot, suspendu par sa lisière à un clou, le long de la muraille, ainsi que cela se pratique encore aujourd'hui, pour la commodité des parents, dans plusieurs villages de la Marche et de la Bretagne. On ne s'était aperçu de cet oubli qu'en entendant les cris que poussait ce petit malheureux, au milieu du craquement des poutres et du pétillement de la flamme. On voulut courir ; il n'était plus temps. L'incendie avait tout envahi, et pas un de l'assistance ne se sentait le courage d'affronter l'élément terrible. Une mère seule l'eût osé. Le pauvre petit criait toujours, car sa mère n'était pas là.

C'est alors que, sans songer à son grand âge et ne consultant que son immense charité, François Paty, qui s'était montré partout dans ce désastre, encourageant les uns, dirigeant les autres, consolant les victimes, et leur désignant la cure comme un refuge toujours ouvert aux pauvres et aux affligés, c'est alors, dis-je, que François Paty s'était avancé au milieu des flammes, aussi calme et aussi serein que le Christ marchant sur les flots de la mer irritée.

Vainement on s'était écrié de toutes parts qu'il n'allât pas plus avant, qu'il courait à une mort certaine; vainement son vicaire, M. Noirel et la bonne Marthe s'étaient efforcés de le retenir... on avait vu sa tête blanche s'enfoncer et disparaître dans le gouffre embrasé.

Deux minutes, deux siècles s'étaient écoulés, on ne l'avait pas vu reparaître.

Cependant le feu redoublait de fureur. La maison s'affaissait et s'écroulait partie par partie. La toiture menaçait à chaque instant de s'effondrer. Les cris de l'enfant avaient cessé ; l'on n'entendait plus qu'un grondement sourd, pareil au bruit de la tempête.

C'est sur ces entrefaites que Catherine venait d'arriver.

En un instant elle apprit tout. Son pre-

mier cri fut vers Dieu, le second vers
Claude. Dieu ni Claude ne répondirent.
Claude s'était perdu dans la foule. La parole humaine est impuissante à rendre la
scène déchirante qui se passa dès lors dans
ce pauvre village. Égarée, suppliante,
éperdue, comme Antigone devant les veillards de Thèbes, Catherine allait de l'un à
l'autre, embrassant celui-ci, prenant la
main à celui-là.

— Sauvez mon oncle ! sauvez-le, disait-elle. Pas un de vous n'aura-t-il le courage
de sauver notre père à tous ? — Que ferez-vous, quand vous ne l'aurez plus ? — Cruels,
est-ce ainsi que vous nous aimez ? — Ne
suis-je plus votre petite amie, votre petite
vierge, votre petite fée ? — Dites, parlez,
ingrats ? — Est-il un seul de vous que nous

n'ayons consolé dans sa peine? — Vous autres, vous m'avez vue naître et grandir. — Vous, vos sœurs sont mes sœurs et vous êtes mes frères. — Laisserez-vous mourir mon oncle, votre ami, votre vieux pasteur?

— Mes enfants, mes chers enfants! disait à son tour le papa Noirel, je suis bien pauvre, mais je promets dix bons écus à celui d'entre vous qui voudra se dévouer pour notre curé; songez que, si nous le perdons, nous ne trouverons pas son pareil. C'est fort heureux, ajouta-t-il mentalement, que mon gueux de fils ne soit pas là, car il y laisserait pour sûr son gilet, sa veste et ses chausses.

— Mes amis, mes chers frères, un peu de bonne volonté! disait le vicaire sans trop de bruit, sentant bien qu'au lieu de beaux discours, il aurait dû prêcher d'exemple. Ces flammes ne sont rien, comparées aux feux de l'enfer.

— Comment, tas de fainéans, criait Marthe en leur montrant les poings, vous restez là les bras croisés, quand votre pasteur n'a pas craint de se jeter dans ce brasier pour en tirer un de vos enfants ? — Vous devriez être trop honorés, brigands que vous êtes, de pouvoir vous faire rôtir, pour un si brave homme !

Tout cela se disait à la fois, au milieu d'un trouble et d'un tumulte dont rien ne saurait donner l'idée, tandis que l'incendie lançait à travers les ténèbres ses gerbes et ses fusées d'étincelles.

On se regardait en silence, d'un air morne et découragé.

Rassemblant ce qui lui restait de force et d'énergie, la petite vierge appela Claude encore une fois.

Claude ne répondit pas.

Se sentant abandonnée de tous, Catherine se dégagea violemment des bras qui l'entouraient et s'élança pour aller mourir et s'ensevelir avec son vieil oncle.

Mais en cet instant un grand cri partit de tous les cœurs.

Claude avait paru sur le seuil, portant entre ses bras le pasteur qui tenait le marmot enveloppé dans les lambeaux de sa soutane.

VIII

PROJETS RENVERSÉS.

Tandis que ces évènements s'accomplissaient à Saint-Sylvain et que la main de Dieu paraissait s'appesantir sur la tête de Catherine, Roger se débattait, sans pouvoir en sortir, au milieu des embarras et des difficultés qui le pressaient de toute part et l'enveloppaient comme un invisible réseau. Nature faible et poétique, depuis sa dernière visite à la cure, il avait laissé couler les jours, dans l'espoir qu'il surgirait d'un instant à l'autre quelque incident imprévu qui le tirerait de l'impasse où il se sentait acculé. Les jours s'étaient écoulés sans rien amener de nouveau; la position restait la même, ou, pour mieux dire, chaque jour qui s'écoulait la rendait plus critique et plus périlleuse. Gardons-nous, cependant, de calomnier notre jeune héros. Roger ne s'était pas retiré lâchement de la lutte. Il tenait à ses espérances et n'avait pas borné son rôle à demeurer spectateur impassible du drame de sa destinée. Plus d'une fois, en ces derniers temps, il était revenu vaillamment à la charge : mais chaque fois son père avait invariablement répondu : — Vous le voulez, épousez-là, je n'y mets pas d'empêchement. Songez seulement que vous n'avez rien, et qu'à mon grand regret, je ne puis rien pour vous; songez que ce domaine est tout ce qui me reste en propre, et qu'avant deux mois votre tante en sera propriétaire légale et légitime. — Qu'opposer à de pareils arguments? Roger se taisait et courbait la tête. Quoiqu'élevé dans le luxe, il n'avait pas peur de la pauvreté; mais encore fallait-il pouvoir offrir à Catherine cette classique chaumière dont l'amour s'accommode si volontiers, quand on a vingt ans. Travailler? prêt à tout quand il ne consultait que son courage, il se reconnaissait incapable de toute chose, quand il en venait à l'examen de ses ressources et de ses facultés. Inutile et charmant, pareil aux lys qui ne filent pas, il ne savait rien et n'était apte à rien. Il enviait l'ouvrier qu'il rencontrait chantant, ses outils sur l'épaule ; il enviait le laboureur qui avait, lui du moins, un toit de chaume pour abriter sa femme et ses enfants. Il se disait bien qu'il avait des droits de revendication à exercer contre son père, et qu'en s'adressant à la justice, les choses se passeraient autrement que l'affirmait le comte ; mais grâce à l'ignorance où il avait grandi des réalités de la vie, il n'avait là-dessus rien d'arrêté ni de précis, et d'ailleurs, autant par faiblesse que par chevalerie, il répugnait invinciblement à ces extrémités. L'idée d'un procès à entamer et à poursuivre révoltait tous ses instincts et le jetait dans des épouvantes sans nom. Rien que les termes de procédure qu'employait son père, lorsqu'il était question entre eux de cette affaire, le faisaient pâlir et lui apparaissaient comme autant de monstres impossibles à renverser. C'était un de ces vases fragiles et précieux qui se brisent au premier choc, une de ces organisations délicates à qui Dieu donna la grâce et refusa la force, comme s'il pouvait être jaloux de la perfection de son œuvre.

Que résoudre pourtant? à quel parti se rendre? Attendre et se confier à cette puissance occulte et mystérieuse qu'invoquent les esprits faibles et dont les forts ne cherchent qu'en eux-mêmes le secours et l'appui. Chaque jour, il remettait au lendemain pour retourner à la cure, espérant que d'ici là, la situation changerait de face, et comptant sur un vent propice qui balayerait du soir au matin tous les nuages et tous les obstacles. Le lendemain, rien n'était changé, et Roger se réveillait plus perplexe et plus incertain qu'il ne s'était couché la veille. Il avait écrit; mais sa lettre s'était ressentie du mauvais état de son âme. S'il partait pour la cure, il tournait bride à mi-chemin, et s'en revenait plus sombre qu'il n'était parti. Catherine souffrait; que lui dire? Au point où il s'était avancé, après avoir fait blanc devant elle de son amour et de sa volonté, comment lui confesser qu'il se sentait arrêté dès les premiers pas? Le plus simple et le mieux eût été sans doute de lui tout avouer : mais l'orgueil s'y refusait, et puis Roger comptait toujours sur une inspiration soudaine et sur un lendemain qui n'arrivaient jamais.

Malheureusement, ce n'étaient point là les seules luttes ni les seuls combats que ce jeune homme eût à soutenir. Depuis que le comte et sa sœur visaient au même but et n'avaient plus qu'une même ambition, tout conspirait à Bigny contre Catherine et contre l'amour de Roger. Tout en feignant de respecter cet amour, déjà si cruellement outragé, on le criblait d'allusions perfides, et cela avec tant d'adresse et de ménagements hypocrites, que Roger n'avait même pas la consolation de pouvoir s'en plaindre et s'en irriter ouvertement. Tantôt c'était le comte qui affectait de parler de Catherine avec un sentiment de déférence exagérée; tantôt c'était sa sœur qui jetait à la pauvre petite un de ces mots de haut dédain qui tuent sans avoir l'air d'y toucher. D'autres fois, madame Barnajon prenait à part son neveu, et, dans des entretiens savamment dirigés, elle cherchait à éveiller en lui l'orgueil de la race et l'appétit des jouissances que procurent la fortune et le monde, lui montrant la société parisienne comme un Eden dont elle avait la clef. En même temps, Malvina redoublait de grâces, de coquetteries et de séductions provoquantes. Pour arriver plus sûrement au cœur de son cousin, elle s'était faite la confidente officieuse de sa passion et de ses ennuis. Entrée dans la place, sous prétexte d'y porter secours, elle ne négligeait rien pour parvenir à la démanteler. Le comte et sa sœur s'entendaient pour ménager à ces deux jeunes gens de longs tête-à-tête, et pour ne point gêner les progrès de leur intimité. Le jour, Malvina suivait Roger comme son ombre; le soir, elle chantait pour le distraire. Elle avait étudié ses goûts et savait les airs qu'il aimait. S'il réussissait à s'échapper dans la soirée, elle l'attendait au retour, et Roger la retrouvait, soit au piano, soupirant un chant langoureux, soit sur une des marches du perron, dans une attitude rêveuse et recueillie, soit à sa fenêtre, roulée dans les plis de son burnous, le regard inspiré, ses longs cheveux flottants sur son col et sur ses épaules. Le matin, il la rencontrait dans le parc. Les amants ont la rage de parler de leur martyre. Plutôt que de s'en taire, ils le diraient à l'oiseau qui vole, à la nuée qui passe. Après avoir commencé par en souffrir et par s'en offenser, le jeune vicomte avait fini par être touché de l'intérêt que lui témoignait sa cousine, et par goûter quelques charmes à ces épanchements douloureux. Malvina justifiait cette confiance par l'art et le soin merveilleux qu'elle apportait, sous prétexte de les panser, à élargir et à envenimer ses blessures. Elle avait une façon d'exalter Catherine, qui la mettait à cent pieds sous terre, et une manière d'approuver Roger, qui lui donnait parfois le vertige. Puis, toujours sous le manteau de la pitié, c'étaient de loin en loin des soupirs étouffés, des regards humides, des silences brûlants, une pression de main furtive. Certes l'amour de notre jeune ami résistait à tous ces assauts; mais son cœur avait déjà perdu sa limpidité transparente et, à son insu, l'image de la petite vierge ne s'y réfléchissait déjà plus que comme au fond d'un lac tourmenté par un vent d'orage.

Les choses suivaient ainsi leur cours naturel, quand le comte reçut la nouvelle du désastre qui venait de plonger Saint-Sylvain dans la désolation. Cet homme avait pour le bien les yeux de la taupe et pour le mal le regard de l'aigle : il comprit sur-le-champ combien il importait à ses desseins que Roger ignorât ce qui se passait au village. Roger ne savait rien encore, mais une lettre pouvait tout lui apprendre. Sans perdre une heure, le comte donna ses instructions à Robineau et des ordres pour qu'on redoublât de vigilance autour du château. Ce n'est pas tout : aujourd'hui ou demain Roger ne manquerait pas d'aller à la cure. Après s'être consulté avec sa sœur, il fut convenu qu'on partirait le lendemain pour quelque excursion prochaine, et qu'une fois partis on pousserait, au jour le jour et d'étapes en étapes, aussi loin que faire se pourrait. Il ne s'agissait d'abord que de décider Roger à s'absenter pour un jour ou deux. C'est sur Malvina qu'on se reposa de ce soin. En effet, le soir, à dîner, comme il était question des ruines de Crozant, mademoiselle Barnajon, qui professait pour les ruines un culte passionné, entra sans efforts dans son rôle, en manifestant aussitôt le désir de connaître celles-ci et d'y faire un pèlerinage.

— Rien n'est plus facile, dit le comte; seulement il faudrait se hâter, car la saison tire à sa fin, nous touchons aux derniers beaux jours.

— Partons demain, dit Malvina.

— Va pour demain! répliqua le comte.

Les plaisirs improvisés sont les seuls qui aient quelque saveur. Je vous promets un des sites les plus romantiques et les plus pittoresques qui se mirent dans l'eau de la Creuse.

— Il est très vrai, ajouta madame Barnajon, qu'on ne saurait rien rencontrer de plus agréable en ce genre. Mon neveu, vous ne pouvez pas quitter ce pays sans avoir visité Crozant. Autant vaudrait aller à Rome pour en partir sans avoir vu le pape.

— Oh! les ruines! s'écria Malvina, j'adore les ruines. Comme il y en a de belles au troisième acte de *Robert-le-Diable!* et que je comprends bien la vicomtesse de Blamont, qui en a fait bâtir dans son parc! Je ne sais rien de plus charmant que de rêver, les pieds sur la mousse, à l'ombre d'un vieux mur aux crevasses calfeutrées de lierre. Vous venez avec nous, mon cousin? Si nous avons de la lune, la fête sera complète, car des ruines sans clair de lune, c'est comme un jardin sans soleil.

— Nous aurons la pleine lune, s'écria le comte; voyez à travers les peupliers effeuillés de la cour, sa face ronde qui nous observe. Malvina a raison: l'astre de la nuit sied aux ruines, comme l'astre du jour aux fleurs.

— Mon oncle, il y faudrait aussi le son du cor.

— Qu'à cela ne tienne, Cadet emportera son cornet à bouquin.

— Enfin, mon oncle, il y faudrait un ouragan et un vieil ermite en capuchon et à barbe blanche, qui nous donnât l'hospitalité.

— On y veillera, mon aimable nièce, bien qu'il soit un peu tard pour les commander, répondit en riant M. des Songères.

— A demain donc! s'écria la jeune fille qui battait des mains. Si vous m'en croyez, Roger, nous laisserons les grands parents aller en voiture, et nous escorterons la calèche à cheval. Vous sur votre destrier, et moi sur mon palefroi, nous ferons bien au pied des vieiles tours. Nous aurons l'air d'une vignette de romance.

— Le fait est que ce sera un tableau délicieux, ajouta gravement le comte. Ne le pensez-vous pas, ma sœur?

— Nous pourrons nous croire au moyen-âge, répliqua madame Barnajon.

Ici, quoique loin de se douter du piège qu'on lui tendait, et bien qu'il ne soupçonnât pas davantage que le deuil fût à Saint-Sylvain et le désespoir à la cure, Roger coupa court à ces beaux projets. Outre qu'il n'avait pas le cœur à ces excursions poétiques, Roger avait compris tout d'abord qu'il serait coupable et même criminel d'aller courir et se distraire en compagnie de sa cousine, tandis que Catherine comptait les jours, attendait et souffrait. Sa conscience n'était déjà pas si tranquille : il ne voulut pas ajouter un remords au trouble qu'il éprouvait. D'ailleurs il avait résolu de passer précisément la journée du lendemain au presbytère. Il déclara donc poliment, mais tout net, qu'il n'irait à Crozant ni à cheval ni en voiture, et qu'il resterait à Bigny.

— Alors, c'est une partie manquée, dit

Malvina qui ne chercha point à cacher le dépit qu'elle en ressentait.

— C'est fâcheux, ajouta le comte d'un air indifférent ; car, au dire de tous les artistes et de tous les poètes qui les ont visitées, ces ruines valent vraiment la peine d'être vues, et qui les a vues une fois ne saurait les oublier jamais.

— C'est tout ce qu'on peut rencontrer de plus agréable en ce genre, répéta madame Barnajon, et j'avoue que, pour ma part, j'y serais retournée volontiers.

— Que voulez-vous ? dit Malvina avec des larmes dans les yeux, mon cousin s'y refuse, il n'y faut plus songer.

— Pourquoi donc, ma cousine ? répondit le jeune vicomte. Soyez sûre que ma présence n'ajouterait rien au plaisir de la route ni à l'agrément du paysage.

— Allez, dit Malvina en se levant de table, vous n'êtes qu'un ingrat.

A ces mots, la jeune fille s'échappa de la salle à manger et s'enfuit dans le salon où sa mère, son oncle et Roger la suivirent.

— Voyons, dit le comte, n'affligez pas ainsi cet enfant. Tout cela n'a pas le sens commun. Songez qu'il ne s'agit que d'une absence de trois jours au plus.

—Vous êtes peu galant, mon neveu, ajouta madame Barnajon avec hauteur. Nous avons en France une autre façon d'entendre les règles de la courtoisie et les devoirs de l'hospitalité. Votre éducation s'est faite en Allemagne; cela ne se voit que de reste.

Pris entre deux feux, Roger s'était approché de sa cousine pour essayer de la consoler et pour lui expliquer ses raisons.

— Laissez-moi, laissez-moi! dit Malvina en le repoussant. Je vous le répète, vous n'êtes qu'un ingrat. Ai-je fait autre chose, depuis que je suis ici, que de me prêter complaisamment à toutes vos faiblesses et à toutes vos exigences? Vous souvient-il d'un instant où vous n'ayez trouvé en moi la plus tendre des sœurs et la plus dévouée des amies? Cruel, vos tristesses et vos ennuis ont été jusqu'à présent mes seules distractions. C'est pour prix de ma tendresse et de mon dévoûment, que vous refusez durement de vous rendre au premier désir que je me sois permis d'exprimer; c'est pour me récompenser des soins que j'ai donnés à votre cœur, que vous blessez mortellement le mien? Roger, Roger! s'il vous est doux de me voir souffrir, soyez heureux, car vous m'avez fait bien du mal, vous m'avez porté un coup dont je doute que je puisse jamais guérir.

— Va, tu en guériras, ma chère ange! s'écria madame Barnajon, qui, en voyant pleurer sa fille, venait de prendre la chose au sérieux. Mon frère, votre fils est un monstre. Il faut qu'il ait sucé, au berceau, le lait d'une louve; sa mère l'a nourri de la moëlle des lions et des ours.

—En vérité, Roger, s'écria le comte qui paraissait ne plus savoir où donner la tête, je ne comprends pas que vous laissiez faire tant de bruit pour si peu de chose. Encore une fois, il ne s'agit que d'une promenade. Vous feriez moins de façons pour vous laisser conduire au supplice. Vous croyez être ferme et vous n'êtes que ridicule.

Enveloppé, harcelé, traqué par son père et par madame Barnajon, vaincu par les larmes de sa cousine que la douleur rendait encore plus belle, secrètement ému peut-être, Roger dut finir, non seulement par céder, mais encore par s'accuser et par se confondre en excuses.

La réconciliation s'ensuivit et fut des plus touchantes.

Après que madame Barnajon eut pardonné, en reine que nulle offense ne saurait atteindre, on poussa les deux jeunes gens l'un vers l'autre, et, dans le désordre d'un désespoir à peine apaisé, Malvina se laissa tomber entre les bras de son cousin, qui frissonna depuis la plante des pieds jusques dans la racine des cheveux, en sentant contre sa poitrine ce beau sein agité comme les vagues après la tempête, et contre sa joue pâlissante cette peau brune et veloutée, encore tout humide de pleurs, fraîche comme les pétales d'une rose, brûlante en même temps comme un soleil d'été. Ainsi qu'il arrive toujours en pareille occurrence, Malvina déclara qu'elle ne tenait pas à ce voyage, qu'elle y renonçait de tout son cœur, qu'elle avait souffert seulement du refus de Roger de l'accompagner, si bien que le jeune des Songères fut obligé de se mettre à ses genoux pour l'y décider, et qu'elle parut n'y consentir qu'en vue de lui être agréable.

Le lendemain, Roger se leva, irrité contre sa cousine moins encore que contre lui-même, inquiet, agité, sentant bien qu'il allait commettre une lâche action. Reculer? il était trop tard. Pour calmer les révoltes de sa conscience, il se dit qu'en fin de compte, il ne s'agissait que d'une absence de trois jours au plus, qu'aussitôt de retour il volerait à Saint-Sylvain, et que d'ici là, il aurait peut-être amené son père à lui assurer une position honorable et libre, sinon brillante et fortunée. Ensuite, pour mettre son cœur à l'aise, il écrivit à Catherine, se promettant de confier sa lettre soit à Paquerette s'il la rencontrait, soit au premier paysan qu'il trouverait sur son chemin.

Sur le coup de dix heures, comme le soleil achevait de dissiper la brume du matin, la calèche vint s'arrêter au pied du perron, suivie de Cadet qui conduisait à la main deux chevaux de selle. Le comte, sa sœur et sa nièce étaient réunis dans le salon; on n'attendait plus que Roger. Madame Barnajon était en toilette de voyage. Vêtue d'une amazone qui étreignait les trésors de sa taille, et tombait à plis magnifiques le long de ses flancs jusques sur le tapis, le teint animé, l'œil hardi et la bouche fière, Malvina ressemblait à une jeune guerrière prête à s'élancer, en un jour de combat, sur les rives de quelque nouveau Thermodon. Cependant Roger n'arrivait pas; impatient de sentir son fils hors de la portée de Saint-Sylvain, le comte l'avait envoyé chercher. Au bout de quelques minutes, le jeune homme entra en habit de chasse, prêt à partir, mais le visage si défait, qu'en le voyant, on ne douta pas qu'il ne fût instruit de tout. Pourtant Roger ne savait rien. Seulement il était assailli depuis quelques heures par de sombres pressentiments. Une voix intérieure lui disait qu'il ne devait pas s'éloigner; il lui semblait par instants que c'était la voix de Catherine qui criait après lui et qui l'appelait à son aide. Après avoir salué sans mot dire, il s'approcha d'un guéridon et se prit à tremper lentement un biscuit dans un verre de vin d'Espagne. Son père, sa cousine et sa tante l'observaient en silence, d'un air consterné.

— Eh bien! mon cousin, partons-nous? dit enfin Malvina, en lui posant une main sur l'épaule.

Comme un homme endormi qu'on réveillerait en sursaut, Roger tressaillit, regarda sa cousine, et lui offrit machinalement son bras qu'elle saisit, triomphante et radieuse. Rassuré, pressé d'en finir, le comte présenta la main à sa sœur, et, quelques secondes encore, tout réussissait, au gré de leurs désirs, Roger était enlevé, sans s'en douter, comme une infante; mais sur ces entrefaites, un affreux tumulte partit du dehors : cris furieux, aboiements de chiens, meubles renversés; et voici qu'au plus fort du vacarme, la porte du salon, s'ouvrant violemment et avec fracas, laisse passer, comme un boulet, à travers la valetaille qui s'efforçait vainement de le retenir, un personnage sur lequel on ne comptait pas.

Tête nue, la veste en lambeaux, les cheveux grillés, les mains et le visage couverts de brûlures et de cicatrices profondes, calme et froid, cependant terrible, le tout exhalant encore une assez forte odeur de roussi, c'était lui, c'était le brave Claude.

— Qu'est cela? quel est ce drôle? Qu'on jette ce manant à la porte! s'écria le comte, pâle et frémissant de courroux; car il avait compris tout de suite que ce ne pouvait être que la ruine de ses espérances.

— Qu'on le saisisse! qu'on l'assomme! criait de son côté Robineau, qui se démenait comme un démon au milieu des laquais attroupés dans l'antichambre et se pressant à l'entrée du salon.

— Le premier qui bouge... dit Claude en se retournant comme un sanglier contre une meute.

Son attitude acheva la phrase plus éloquemment que n'aurait pu le faire le plus grand orateur de la chambre. Nul ne broncha. Cadet, qui avait de l'ambition, osa seul se jeter sur lui comme un roquet sur un boule-dogue ; d'un coup de pouce, Claude l'envoya sauter à vingt pas. Cela fait et la porte du salon fermée, sans avoir l'air de remarquer la présence des dames Barnajon, toutes deux immobiles et muettes de stupeur, le fils Noirel écarta de la main le comte des Songères et s'avança froidement vers Roger.

— Que me voulez-vous ? qu'avez-vous à me dire ? demanda le jeune homme d'une voix altérée. Que se passe-t-il à Saint-Sylvain ? Parlez.

— Vous ne devriez pas l'ignorer, dit Claude; le curé de Saint-Sylvain se meurt.

— Eh bien! qu'il meure, s'écria le comte; c'est de son âge. Est-ce une raison pour entrer ainsi chez les gens et leur étourdir les oreilles?

— Tout le monde meurt, ajouta madame Barnajon; les curés n'en sont pas plus exempts que les bedeaux et les sacristains.

— Le fait est, dit Malvina, qu'il a cent ans au moins, ce patriarche.

— Silence! s'écria Roger; qu'on respecte ici l'homme qui consola ma mère et qui l'aida à vivre et à mourir.

— Le curé de Saint Sylvain se meurt, répéta Claude sans s'émouvoir, et demain, aujourd'hui peut-être, sa nièce sera seule en ce monde.

— Mais, mille tonnerres ! s'écria le comte, ne se contenant plus et laissant le loup paraître tout entier; que voulez-vous que nous y fassions ?... Prenez-vous ce château pour une maison de refuge ouverte aux nièces de curés de campagne ? Allez à tous les diables ! et nous, Roger, partons; c'est perdre trop de temps à de sots discours.

— Seule en ce monde, reprit Claude simplement, avec gravité; seule, sans foyer, sans appui, plus abandonnée que Paquerette, plus pauvre qu'aucun enfant du village.

— Elle brodera, dit le comte.

— Pauvre petite ! ajouta madame Barnajon. Dites-lui, l'ami, qu'elle n'a point à se désespérer, et que nous ferons quelque chose. Je vais écrire au *Sacré-Cœur*. S'il le faut, je paierai sa dot au couvent. Je suis tout attendrie. De la pitié, mon frère ! elle est vraiment intéressante.

— Laissez donc ! s'écria le comte encouragé par le silence de son fils. Une intrigante qui en remontrerait aux plus rouées et aux plus habiles ! Est-ce que je ne connais pas ses manœuvres ? D'ailleurs, il y a des fonds votés par la commune pour les orphelins et pour les indigents.

— Vous, si vous croyez en Dieu, je vous conseille de faire votre prière, dit Claude en regardant le comte d'un œil vert qui ne promettait rien de bon.

En même temps, Roger avait fait deux

pas vers son père. Ce n'était plus le faible jeune homme que nous avons connu. L'honneur venait d'accomplir le miracle que l'amour seul n'avait pu faire. Le regard ferme, le maintien sévère, le geste impérieux, le front illuminé du reflet de sa volonté enfin victorieuse, Roger parut alors si grand et si beau, si noble et si fier, que le comte lui-même, en le voyant ainsi, se sentit frappé d'étonnement et presque de réspect.

— Monsieur, dit-il en élevant la voix, puisque vous avez dissipé le bien de ma mère, puisqu'il vous serait aussi difficile de me rendre compte de sa fortune que de son bonheur, ce château, depuis l'heure de ma majorité, a cessé de vous appartenir. Si votre sœur croit avoir des droits plus légitimes et plus sacrés que ceux d'un fils indignement dépouillé par son père, la justice en décidera. En attendant, je suis ici chez moi, et je prends le ciel à témoin que Catherine ne sortira du presbytère de son oncle que pour entrer sous ce toit, appuyée sur mon bras, ma femme devant Dieu et devant les hommes !... Si les sentiments d'amour et de vénération dont je prétends qu'on l'environne devaient paraître trop lourds à quelques-uns, votre hôtel est à Paris, ma tante; mon père, votre famille est en Allemagne.

— Votre main ! votre main ! dit Claude en tendant brusquement la sienne.

Claude et Roger s'embrassèrent comme deux frères.

— Ami, dit Roger, vous êtes un grand cœur; le mien vous est acquis à jamais.

— Il n'y a pas de quoi, dit Claude; car si vous m'aviez repoussé, si je vous avais trouvé le contraire de ce que vous êtes, si vous aviez seulement hésité....

— Eh bien ? demanda le jeune vicomte.

— Eh bien ! aussi vrai qu'il y a un Dieu là-haut, Monsieur, je vous aurais tué, répondit le jeune Noirel.

— A Saint-Sylvain ! s'écria Roger.

— A Saint-Sylvain ! répéta Claude.

Et tous deux sortirent du salon, en se tenant l'un l'autre par la main.

IX

OU L'ON VOIT QU'IL NE FAUT DÉSESPÉRER DE RIEN.

A demi brisé déjà par les années et par les labeurs de son rude et pieux ministère, François Paty ne s'était pas relevé de ce grand et suprême effort d'héroïsme et de charité. Ses forces avaient trahi son courage ; il était près de couronner sa vie par sa mort.

Ses derniers jours furent employés à

consoler de sa fin prochaine ceux qu'il avait aidés et soutenus de vingt ans de son existence.

— Pourquoi pleurez-vous, mes amis? disait-il à ses paroissiens qui se pressaient du matin au soir autour de son chevet. Pourquoi vous désoler de la sorte? vous voyez bien que je ne puis désormais vous être d'aucun secours ici-bas, et qu'il est temps que je m'en aille. Si Claude n'était accouru, je restais au milieu des flammes, sans en pouvoir tirer un de vos chers petits. Qu'il retourne à la terre, ce corps usé qui n'est plus bon à rien. Mon âme ne cessera pas d'habiter avec vous, ni de prier pour vous auprès du Tout-Puissant. Je parlerai de vous au patron de votre village. Je lui dirai que vous êtes tous de braves gens, sobres, rangés, laborieux, honnêtes. N'allez pas me faire mentir! quelle opinion le bon Saint-Sylvain prendrait-il de votre ancien pasteur ? Honorez ma mémoire, moins par vos regrets que par vos actions. Ne versez pas de larmes sur ma tombe ; répandez-y plutôt le modeste parfum de vos vertus et de vos travaux. Songez que Dieu me demandera compte du troupeau dont la garde me fut confiée ; sachez que toutes les fois que vous aurez bien mérité de notre divin maître, mon âme s'en glorifiera dans le ciel, et que mes vieux os, au fond de leur cercueil, en tressailleront d'allégresse.

Puis il ne manquait pas d'ajouter, car c'était là son unique pensée :

— Je lègue à chacun de vous le seul

trésor que j'ai jamais possédé en ce monde; c'est ma nièce, votre fille à tous. Je la laisse plus pauvre que le plus pauvre d'entre vous. Pressez-vous autour d'elle quand je ne serai plus; enveloppez-la de votre amour; soyez-lui tous une même famille. N'oubliez pas, rappelez-vous sans cesse qu'à tous ceux de la paroisse qui viendront me retrouver là-haut, je demanderai devant Dieu ce qu'ils ont fait pour mon enfant, et si ma Catherine est heureuse.

Le lendemain du désastre, pour s'assurer que son dévoûment et celui de Claude n'avaient pas été inutiles, il s'était fait apporter le marmot qui allait lui coûter la vie.

—Pardonnez-lui, monsieur le curé! s'écria la mère en se jetant au pied du lit et en présentant son fils au pasteur.

— Te pardonner, pauvre innocente créature! dit François Paty en le prenant doucement dans ses bras : si j'entre dans le paradis, ce sont peut-être ces petites mains qui m'en auront ouvert la porte. Cependant, ma chère amie, ajouta-t-il avec bonté en s'adressant à la fermière, ne suspendez plus vos enfants, comme des sacs, le long de la muraille; outre les accidents qu'on ne saurait prévoir, vous exposez ces petits êtres à périr, en votre absence, d'une congestion au cerveau.

Et cela dit, il avait fait donner à cette malheureuse, ruinée par l'incendie, le peu d'argent qui restait à la cure.

C'est ainsi qu'il se préparait à mourir

comme il avait vécu, n'ayant pour tous que de bonnes paroles, se dépouillant pour couvrir son prochain, et, je le dis sans exagération, ne gardant même pas de quoi payer la bière où demain peut-être on déposerait ses dépouilles mortelles.

Sa fin eût ressemblé au soir d'un beau jour, sans une préoccupation incessante qui en troublait profondément le calme et la sérénité. S'il s'effrayait de laisser, en partant, Catherine pauvre et sans appui, ce qu'il avait surpris de ses secrets était loin de lui rendre la confiance et la sécurité. Encore ne croyait-il qu'à un amour silencieux, à peine défini, inavoué peut-être, enseveli à coup sûr dans les replis du cœur qu'il consumait. S'il avait pu se douter du point où en étaient les choses, s'il avait su que sa nièce et Roger s'étaient engagé leur foi mutuellement, connaissant le comte et son fils comme il les connaissait tous deux, quelle n'eût pas été sa terreur! Autant aurait valu pour lui laisser la fille de sa sœur appuyée sur un roseau ou sous la garde d'un ramier.

Quoiqu'il ne crût tout au plus qu'à la moitié du mal, c'en était déjà trop pour remplir d'épouvante son âme près de s'envoler. Le temps pressait. Il s'agissait d'abriter au plus vite et de fixer irrévocablement la destinée de Catherine. Après s'être assuré des dispositions de Claude, le pasteur ne s'occupa plus que d'amener sa nièce à se réfugier dans le seul port qui lui fût ouvert, comptant pour cela sur la raison précoce de cette enfant que Dieu, dans sa bonté, avait faite aussi sage que belle.

Un jour — le jour où, de son propre mouvement, et sans en rien dire à personne, Claude était parti pour aller chercher Roger, car il avait compris que, dans sa douleur et dans son abandon, c'était encore vers ce jeune homme que Catherine tournait son espoir, — Catherine était seule au chevet de son oncle. Vaincue par la fatigue, Marthe était allée se jeter sur son lit. Epuisée elle-même et n'en pouvant plus, la jeune fille venait de s'assoupir. La tête languissamment renversée sur le dos de sa chaise, les bras pendant sans vie le long de son corps affaissé, elle dormait de ce demi sommeil au fond duquel veille la souffrance. Immobile sur son séant, François Paty contemplait cette pâle figure avec une ineffable expression de tristesse et d'amour.

— Enfant! murmura-t-il tout bas; toi qui, pendant vingt ans, fus la grâce et la vie de mon foyer désert, je te dis adieu, aimable et chère créature à qui j'ai dû de goûter ici-bas les chastes joies qu'il m'était, hélas! interdit de connaître. Adieu, sourire de ma vieillesse! gai rayon de mes jours, adieu! Soyez bénie, jeune compagne de mon austère pèlerinage! Sois bénie, voix charmante qui chanta dans ma solitude! Sois trois fois bénie, jolie fleur qu'attacha la main du Seigneur à la robe du pauvre prêtre!

A ces mots, s'étant penché vers elle, il baisa doucement l'albâtre de son front.

Au contact de ces lèvres déjà froides et près de se glacer, Catherine tressaillit, ouvrit les yeux, passa brusquement sur son visage ses mains amaigries et brûlantes, puis à son tour elle regarda la blanche tête du pasteur qui venait de retomber sur sa couche.

— Mon oncle, dit-elle, il m'a semblé, dans mon sommeil, que vous me disiez adieu, et j'ai cru sentir votre âme qui se posait sur mon front avant de remonter au ciel.

François Paty ne répondit pas. Il attira sa nièce sur son sein, et deux larmes qu'il ne put retenir sillonnèrent ses joues livides. Jusqu'à présent Catherine, abusée par le calme souriant du vieillard, n'avait pas perdu tout espoir; à ce silence attendri, elle vit bien que tout était fini et que son oncle allait mourir.

— C'est donc vrai! c'est donc vrai! dit-elle d'une voix étouffée en se pressant contre le bon curé qui l'inondait de pleurs et de baisers.

— O mon Dieu! s'écria-t-il, vous savez que ce cœur n'a jamais murmuré contre les décrets de votre volonté. Quand vous m'avez frappé, j'ai béni votre droite. Vous m'appelez : Seigneur, me voici prêt. Vous voyez bien, mon Dieu, que c'est sur cette enfant que je pleure! Ma fille, que vas-tu devenir? et que répondrai-je à ta mère quand elle me demandera ce que j'ai fait, avant de te quitter, pour assurer le bonheur de ta destinée?

— Ne vous inquiétez pas de moi, mon

oncle, répondit la jeune fille en secouant tristement la tête ; quand elle vous aura perdu, quel bonheur voulez-vous que votre Catherine attende en ce monde ? Je travaillerai. Dieu qui prend soin des petits des oiseaux, ne m'abandonnera pas. Je suis aimée dans ce village ; j'ai aussi à la ville de bonnes amies qui me viendront en aide. Et puis, au besoin, j'écrirais à monseigneur de Limoges qui, en souvenir de vous, me ferait bien ouvrir les portes d'un couvent. Allez, allez, mon oncle, ne vous inquiétez pas.

— Mon enfant, répliqua le pasteur, Dieu permet rarement que les morts, si chers qu'ils aient été pendant leur vie, emportent à jamais avec eux le bonheur de ceux qui restent sur la terre. Il fait pousser la joie sur les regrets comme le gazon sur les tombes. S'il en était autrement, je ne me pardonnerais pas de mourir. Tu es aimée à la ville et dans le village ; mais cela ne saurait suffire au repos de ma dernière heure. Toi, dans un couvent, hirondelle des airs ! Non, tu ne renonceras pas à cette belle et sainte nature que nous avons tous deux tant aimée et où tu sentiras, quand je ne serai plus, mon âme errant au milieu des brises et mêlée aux parfums des vallées et des bois.

Il partit de là pour l'entretenir avec onction des devoirs, des joies et même des douleurs auxquels nulle créature ne saurait se soustraire sans faillir à sa destination ; puis, quand il eut montré la famille comme l'unique but de la destinée de la femme, et le toit domestique comme le seul refuge où il lui soit permis de rencontrer le bonheur et la dignité, ajoutant qu'en dehors, tout n'est que trouble, égarement et confusion, le pasteur en arriva naturellement au bon Claude.

Catherine écoutait, les yeux baissés, le cœur gros du secret qui voulait en sortir. Il vint un instant où déchirée de remords et n'y tenant plus, elle tomba à genoux, et, les deux bras tendus vers le mourant :

— Grâce, grâce ! s'écria-t-elle. Je vais tout vous dire ; mon père, vous allez tout savoir. J'aime mieux troubler la fin de votre vie que de vous laisser partir sans emporter mon âme tout entière !

Et là, agenouillée, les mains jointes, sous le regard indulgent du vieux prêtre, elle répandit tout ce qu'elle avait, depuis la Saint-Sylvain, amassé dans son sein d'amour et d'espérance, d'amertume et de désespoir. Elle dit tout; et quand elle eut tout dit, la tête inclinée, elle attendit l'arrêt de son juge.

François Paty demeura longtemps interdit et comme écrasé sous le coup de ces confidences.

— Dieu tout-puissant ! s'écria-t-il enfin, si vous ne pensez pas que les soixante années que je viens de passer sur la terre, aient été tout-à-fait inutiles au bonheur de quelques-uns de vos enfants, daignez donner à ces mains défaillantes la force de tirer cette suave et frêle créature de l'abîme où l'ont laissé choir mon imprudence et mon aveuglement. Ma fille, relève-toi. Viens-là, plus près encore. Ne cache pas la rougeur de ton front. Seul, je fus coupable : jeunes et beaux, pareils à deux matinées de printemps, vous deviez vous aimer, et j'aurais dû prévoir que vos âmes s'attireraient irrésistiblement, comme ces deux flammes inquiètes que nous vîmes un soir, au-dessus des marais, se chercher, se poursuivre, et finir par se confondre. Ma fille, l'amour est divin. C'est un passage court et enchanté par lequel Dieu a voulu que la jeunesse pût arriver souriante et sans efforts, aux devoirs de la virilité. Nobles enfants, c'est ainsi que vous l'avez compris, puisque le mariage est le but que vous avez aussitôt désigné à vos tendresses mutuelles. Vous êtes-vous demandé seulement, dans l'ivresse de vos chastes transports, si ce but n'était pas au-delà de votre portée, et s'il vous était permis de pouvoir jamais y atteindre? Ecoute-moi, ne te révolte pas. Que serait-ce donc que l'amour, serait-il de divine essence, comme je le disais tout-à-l'heure, si la raison et la sagesse n'en pouvaient diriger l'essor? J'ai peu d'expérience ; je vais mourir vieux, et je n'ai pas vécu ; mais, en supposant qu'entre le fils du comte des Songères et la nièce du curé de Saint-Sylvain, il y eût une alliance possible, dis, violette des bois, marguerite des prés, qu'irais-tu faire dans un monde que tu ne comprendrais pas, et qui te comprendrait encore moins ? Qu'aujourd'hui même ce jeune Roger t'épouse à la face du ciel : crois-tu que ton vieil oncle en mourût plus tranquille ? Il en mourrait deux fois. Je connais ce jeune homme ; ce n'est pas toi qui t'appuierais sur lui ; c'est lui qui s'appuierait sur toi. Depuis le retour de son père, qu'a-t-il tenté sérieusement pour ton bonheur ? Où est-il à cette heure ? que fait-il ? Ah ! sans doute il ignore tout ; on n'ignore rien quand on aime.

Puis, il opposait l'attitude de Claude à celle de Roger, et Catherine se taisait, quand tout d'un coup elle s'échappa vivement des bras de son oncle, et un pâle éclair de triomphe et de joie traversa son regard humide et illumina la blancheur de son front. Un bruit de pas montait dans l'escalier ; la porte s'ouvrit, Claude et Roger entrèrent en même temps. Ainsi que le comte en voyant Claude apparaître au milieu du salon de Bigny, François Paty comprit, en apercevant Roger, que tout était perdu et qu'il touchait à la ruine de ses dernières espérances.

Roger alla d'abord au chevet du pasteur, puis il vint se mettre aux pieds de Catherine qui, terrassée par tant d'émotions, s'était laissé tomber sur sa chaise. Il lui prit les mains, et ses lèvres y versèrent avec des baisers, tout ce qu'un jeune cœur peut contenir de plus passionné, de plus tendre, de plus ardent et de plus généreux.

— Pardonnez-moi, je ne savais rien, disait-il. J'ignorais tout, je vous croyais heureuse.

— Heureuse! murmura Catherine.

—Hélas! ajouta Roger avec la loyauté d'un homme qui s'accuse ou plutôt avec la candeur d'un enfant qui n'est pas dans le secret de ses faiblesses, j'allais partir pour un voyage de quelques jours. .

— Pour un voyage de quelques jours... répéta tristement Catherine.

— Oui, reprit Roger, je partais quand Claude est venu tout m'apprendre.

— Claude ! toujours Claude ! murmura Catherine, mais d'une voix si basse qu'on ne l'entendit pas.

Lorsque Roger eut fini de parler, après qu'il eut offert tout ce qu'il possédait en ce monde, Catherine garda un silence rêveur, et laissa son regard profond et réfléchi aller lentement du jeune homme au vieillard et du vieillard à Claude qui, retiré au fond de la chambre, se tenait humblement dans l'ombre. Roger, toujours agenouillé, François Paty à demi dressé sur sa couche, attendaient tous deux, l'un plein d'espoir, et l'autre d'épouvante. Claude était le seul qui n'attendît rien.

Plusieurs minutes s'écoulèrent ainsi.

Pendant ce temps, que se passa-t-il dans le cœur de Catherine ?... Par une de ces perceptions instantanées qui échappent à l'analyse, comprit-elle ce qui s'était passé, durant ces derniers jours, dans le cœur du jeune vicomte ? Se dit-elle que ce n'était pas trop du sacrifice de sa vie tout entière pour assurer le repos des dernières heures de son vieil ami ? Recula-t-elle devant l'idée qu'en acceptant les offres de Roger, elle serait, ainsi que l'avait dit madame Barnajon, un obstacle dans la destinée de ce jeune homme ? Ou bien en se rappelant tout ce que Claude avait été pour elle, cette enfant éprouva-t-elle un invincible besoin de couronner tant d'abnégation et de désintéressement?

Nous ne savons.

Par un brusque mouvement de tendresse et de désespoir, comme une jeune mère qu'on sépare de son enfant, Catherine prit à deux mains la blonde tête de Roger, qu'elle baisa coup sur coup sur le front et sur les cheveux ; puis, elle se leva et s'avança gravement vers Claude.

— Mon frère, lui dit-elle, tu connais mon cœur; tu sais le martyre qu'il endure. Je doute que je puisse en guérir, et si jamais je m'en relève, je garderai toujours en moi quelque chose de triste et de charmant que le temps ni la mort même ne pourront arracher de mon âme. Tout ce que je puis promettre, et je le promets devant Dieu, c'est de garder intact l'honneur du foyer où j'aurai le droit de m'asseoir. Vois maintenant si tu te sens la force et le courage de m'aider à franchir le seuil de ta maison?

S'il ne se fût appuyé contre le mur, Claude, à ces mots, tombait à la renverse. Il tira ses mains de ses poches et dit :

— Où tu voudras aller, j'irai et je te porterai dans mes bras.

— Songes-y bien, mon frère; ne te fais pas illusion, reprit gravement Catherine. Tu vas accepter là une bien rude tâche. Tu me verras sourire moins souvent que pleurer. Hélas! elle n'est plus, la petite fée du village.

— Ma sœur, répondit Claude de plus en plus troublé, que tu apportes avec toi la tristesse ou la joie, béni sera le jour où tu entreras sous le toit de mon père.

— Donne-moi donc ta main ! dit Catherine. Ami de mon enfance, nous avons souffert et nous souffrons encore tous deux du même mal. Puisque tu le veux bien, nous essaierons d'en guérir ensemble.

A ces mots, elle entraîna Claude vers le lit du pasteur; puis, l'ayant fait agenouiller près d'elle :

— Mon père, dit la petite vierge, bénissez vos deux enfants.

Trois jours après, par une matinée grise et froide, un cortége de deuil sortait de

Saint-Sylvain et se dirigeait lentement vers le cimetière du village : le vicaire en tête, près du petit Jean qui tenait la croix ; puis un cercueil porté à bras par quatre notables du pays, au nombre desquels était Claude ; derrière, Catherine, appuyée sur le bras de Marthe, entourée et suivie de tous les habitants du hameau. Pas un ne manquait ; il ne restait à Saint-Sylvain que le sonneur qui envoyait au mort le dernier adieu. Tous les fronts étaient découverts. On n'entendait que le bruissement des feuilles sèches que soulevaient les pieds de la foule, la voix éplorée de la cloche qui se lamentait dans la brume, et, de loin en loin, un chant lugubre presque aussitôt interrompu par un sanglot. Çà et là des femmes, des enfants, des vieillards accourus des campagnes environnantes, se joignaient en silence au funèbre convoi. On y voyait aussi quelques personnes de la ville, entre autres les deux aimables sœurs qu'on n'a peut-être pas oubliées. La marche était fermée par un triste et pâle jeune homme.

Le cortége arriva jusqu'au cimetière sans désordre ni confusion, dans un morne recueillement. Mais lorsqu'on entendit le bruit que fit le cercueil en glissant le long des cordes qui le descendaient dans la fosse, quand il résonna sourdement sous la première pelletée de terre que le vicaire venait de jeter d'une main tremblante, alors on vit un spectacle digne d'une profonde pitié. Les rangs se rompirent, les cœurs éclatèrent, et des cris et des gémissements partirent en même temps de tous les points de l'assistance. Non, jamais plus touchant hommage ne fut rendu à la vertu. Il se trouva des femmes qui demandèrent au fossoyeur et qui emportèrent comme des reliques un peu de la terre qui avait touché aux planches du cercueil. D'autres jetèrent dans le trou qu'on était en train de combler leur anneau de mariage et des cheveux de leurs enfants. Et Catherine? Catherine, grand Dieu! il avait fallu l'arracher de dessus la bière qu'elle tenait embrassée par une étreinte convulsive, et la retenir sur le bord de la tombe pour l'empêcher de s'y précipiter.

Quand la terre fraîchement remuée s'éleva comme un tertre au-dessus du gazon, la foule, avant de se retirer, se pressa autour de la nièce du pasteur, et toutes les femmes du village, les plus pauvres comme les plus riches, se disputèrent à qui l'emmènerait sous son toit, car on la savait désormais sans asile; on savait que son oncle, en mourant, n'avait même pas laissé de quoi couvrir les frais de sépulture.

— Venez, ma fille, venez, disaient-elles en lui baisant les mains, le bon Dieu entrera avec vous dans notre maison.

— Merci, mes bonnes amies, merci ! répondait Catherine ; mon oncle lui-même a marqué la porte à laquelle je dois aller frapper.

Les deux jeunes sœurs s'approchèrent à leur tour.

— Suis-nous à la ville, lui dirent-elles en

l'embrassant; notre mère aura une fille de plus.

—Merci, mes bonnes demoiselles, merci! répondait Catherine; je ne veux pas quitter le coin de terre où reposent les os de mon oncle.

Enfin, le pâle jeune homme qui fermait tout à l'heure la marche du cortége et qui jusqu'à présent s'était tenu à l'écart, perça la foule éclaircie déjà et s'avança vers Catherine. Mais la jeune fille détourna la tête, et s'étant appuyée sur le bras du père Noirel, suivie de Marthe et de Claude, elle sortit du cimetière et prit le chemin du village.

Ce jeune homme descendit au fond de son cœur et se sentit jugé. En y descendant plus avant, peut-être eût-il trouvé, tout au fond de son désespoir, un sentiment presque imperceptible de satisfaction et de délivrance.

CONCLUSION.

Près d'un an s'écoula sans qu'il fut question de mariage entre Catherine et Claude. Catherine n'en parlait jamais ; Claude n'y faisait point d'allusion, et, comme la petite fée brodait du matin au soir, qu'en outre la vieille Marthe s'occupait des soins de la maison, le papa Noirel assez bon diable au fond, n'en demandait pas davantage. Doué au plus haut degré de cette bonté délicate qui sait être empressée sans bruit, vigilante sans importunité, depuis qu'il vivait avec Catherine sous le même toit, Claude paraissait avoir redoublé autour d'elle, d'attentions, de respect et d'adoration silencieuse. Il n'y avait pas de raisons pour que cet état de choses ne se prolongeât indéfiniment, si le papa Noirel n'y fût venu mettre ordre, bien à contre-cœur, car le vieil avare tenait à la vie autant qu'à ses pistoles. Un beau matin on le trouva mort dans son lit. Dès lors Catherine comprit qu'elle ne pouvait plus continuer de s'asseoir au foyer de Claude, ainsi qu'elle l'avait fait jusqu'ici. Il n'y avait plus à reculer. Tous deux décidèrent, d'un commun accord, qu'ils se marieraient au bout de trois mois, et, qu'en attendant, Claude irait demeurer à la ville où des affaires sur lesquelles il ne s'expliquait pas, réclamaient, selon lui, impérieusement sa présence. Le bruit courait dans le pays que le papa Noirel avait laissé une fortune considérable. Les uns disaient vingt mille écus; d'autres poussaient jusqu'à quarante. Sans parler du magot enfoui dans sa paillasse, les anciens du hameau se souvenaient fort bien de deux ou trois petits héritages que le marguillier avait faits dans son jeune temps, et qui, réalisés et placés à gros intérêts, comme on le supposait avec quelque raison, avaient dû, depuis plus de trente ans, s'arrondir et se pelotonner. Claude garda là-dessus le silence le plus absolu, et ne s'en ouvrit même pas à Catherine dont c'était le moindre souci, et qui, dans la retraite austère où elle vivait, ne sortant que pour aller à l'église et au cimetière où reposait son oncle, put ignorer les bruits qui circulaient à ce sujet. Toujours est-il que le lendemain de la mort de son père, le jeune Noirel donna sa démission de maître d'école et de chantre au lutrin, ce qui fut pour la paroisse une perte véritable et qui n'est pas encore réparée. Comme instituteur de la jeunesse, peut-être a-t-on rencontré son pareil ; mais, comme chantre au pupitre, il se passera bien des années avant que l'église de Saint-Sylvain entende résonner sous ses charpentes une voix si sonore et si majestueuse. Près de congédier ses élèves, Claude leur adressa une petite allocution qui parut toucher vivement ces jeunes drôles, surtout lorsqu'ils comprirent que leur maître renonçait au professorat, et qu'ils allaient être sevrés des bienfaits de l'éducation pendant un temps illimité. Ces aimables enfants exprimèrent leur émotion par des cris d'une joie sauvage, et qui ne connut plus de bornes quand Claude leur remit à chacun, comme gage de son abdication, deux gros sous pour aller jouer au bouchon sur la place, où plus tard on le vit se promener tranquillement au milieu d'eux, comme Sylla dans les rues de Rome, après qu'il eut déposé les insignes de la dictature.

Vers la même époque, le domaine et le château de Bigny furent mis en vente. Quelques jours après l'enterrement de François Paty, sous prétexte de le distraire, on avait enlevé et conduit Roger à Paris où, de distraction en distraction, ce jeune homme devait finir, de guerre lasse, par épouser sa cousine au bout de six mois. Le lendemain du mariage, débarrasé du même coup de son fils et de son procès, le comte était parti pour l'Allemagne, emmenant avec lui son fidèle Robineau. A quelques semaines de là, madame Barnajon avait acquis la certitude que Bigny qui, au dire de son frère, rapportait bon an mal an vingt mille livres, en valait quarante mille au plus, y compris le château qui tombait en ruine, et d'où le comte, avant son départ, avait pris soin de faire enlever tout le luxe et tout l'étalage d'emprunt dont il avait ébloui sa sœur. Cette découverte un peu tardive avait changé en lune de fiel et d'absynthe une lune de miel qui ne brillait déjà pas d'un trop doux éclat. Aigri par les reproches d'une tante doublée d'une belle-mère, bourrelé de regrets, aux prises avec les vanités de Malvina, décidé à ne plus remettre les pieds sur le coin de terre où il avait perdu le bonheur, c'est sur ces entrefaites que Roger, de sa propre autorité, avait fait mettre en adjudication le domaine de ses ancêtres.

Ainsi qu'ils en étaient convenus, Claude et Catherine se marièrent à l'église de Saint-Sylvain, trois mois après la mort du bonhomme Noirel. Ce fut une assez triste fête. A ne considérer que l'attitude des assistants, on aurait pu croire qu'au lieu d'un mariage, on célébrait là quelque solennité funèbre. Claude était grave et recueilli. Catherine avait quitté pour un jour ses vêtements de deuil, mais la douleur restait empreinte sur son front et sur son visage. Agenouillés au pied de cet autel où François Paty n'était plus, la même pensée leur traversa le cœur en même temps, et tous deux à la fois se prirent à pleurer. L'assemblée entière était tout près d'en faire autant. Notre ami le vicaire, qui avait succédé au vieux pasteur, se sentait bien attendri lui-même, et lorsqu'avant de bénir le jeune couple, il rappela, dans une courte exhortation, les mérites et les vertus du bon curé, sa voix se troubla et des gémissements s'entendirent de toutes parts.

A la sortie de l'église, Claude fit monter dans une petite cariole d'osier qui stationnait depuis le matin sur la place, Catherine, Marthe et Paquerette; puis, s'étant assis sur le brancard, il allongea un coup de fouet à la douce Annette qui s'empressa de gagner les champs. Comme elle se doutait bien de quelque surprise, d'un repas, par exemple, servi sous la ramée, dans un des îlots que la Creuse enserre, Catherine ne s'inquiéta pas de savoir où on la menait. Telle était d'ailleurs la stupeur dans laquelle la plongeait l'idée qu'elle était la femme de Claude, qu'elle se fût laissé traîner ainsi, sans penser à rien, jusqu'au bout du monde. Cependant la bonne Marthe commençait à s'étonner de la longueur du trajet, quand soudain Catherine avança machinalement la tête hors de la voiture, et quel ne fut pas son étonnement d'apercevoir, à cent pas devant elle, la grille du parc de Bigny, vers laquelle Claude paraissait diriger Annette ! Vainement se récria-t-elle ; comme s'il était sourd, Claude enfila résolument l'avenue du château et n'arrêta que dans la cour où il reçut dans ses bras sa femme éperdue, plus morte que vive et se demandant si elle rêvait.

Catherine ne rêvait pas. Seulement c'est à peine si le parc et le château, grâce aux révolutions qu'ils venaient de subir, étaient encore reconnaissables. Du vieux manoir on n'avait conservé qu'une aile. Le reste avait fait place à une jolie ferme au toit de tuile, aux contrevents verts, avec de belles étables à l'entour. Dans ces lieux mornes et désolés voici quelques mois, tout respirait la vie, le mouvement, l'ordre et le travail. On entendait le chant des coqs mêlé aux mugissements des troupeaux. Tout un côté de la cour était encombré d'instruments de labour et de jardinage. Une vache aux flancs bruns tachetés de blanc paissait en liberté au milieu d'une large pelouse. L'unique tourelle qu'on n'eût point abattue s'était transformée en un colombier d'où s'échappaient des bandes de pigeons.

L'intérieur de la ferme répondait au dehors ; tout y était propre et commode, avec cette élégance qui vient du cœur, que n'a pas toujours la fortune, et que n'exclut point la simplicité. Les meubles étaient de noyer, mais l'on aurait pu s'y mirer, tant ils étaient clairs et luisants. Dans l'aile du château qui restait debout, se trouvait une chambre exactement pareille à celle que Catherine avait occupée à la cure. C'étaient le même ameublement et la même disposition. Catherine reconnut, en y entrant, son petit lit virginal et le Christ d'ivoire, qui, pendant vingt ans, avait protégé son sommeil. Le parc n'existait plus. On l'avait remplacé par un verger et par un jardin où les plate-bandes de légumes s'encadraient dans des bordures de jacynthes et d'œillets. Tout cela s'était fait comme par enchantement. Ce n'est pas que la Marche soit le pays des fées ; qu'on se rappelle seulement que c'est la patrie des maçons.

Après qu'il eut tout montré à Catherine, qui se laissait conduire par la main, après qu'il l'eut promenée sans orgueil et sans ostentation de sa chambre à celle de Paquerette, des étables au colombier, de la basse-cour au jardin, Claude lui dit :

— Tout ici t'appartient. Ce n'est que la moitié de tes rêves : que n'ai-je pu les réaliser tous ! Encore à cette heure je donnerais ma vie pour pouvoir ajouter à ce petit domaine le bonheur qui devait en rehausser le prix.

A ces mots, la pauvre enfant se sentit mourir de honte, de douleur et de confu-

sion, car son cœur était loin d'être guéri,
et quoique profondément touchée des procédés de ce bon Claude, elle défaillait d'épouvante en songeant au prix qu'il devait
en attendre ; elle s'indignait secrètement
de voir qu'il l'eût conduite ici précisément
le premier jour de leur mariage ; elle eût
voulu, à tant de générosité, plus de tact et
de délicatesse. Hélas ! on avait bien abattu
les murs du château et les arbres du parc;
mais, quoi qu'on eût fait pour bouleverser
ces lieux de fond en comble, on n'avait pu
réussir à en chasser l'image de Roger.
Catherine s'était flattée que cette journée
ne s'achèverait pas. Elle vit avec un sentiment de terreur indicible le soleil descendre à l'horizon et la nuit envahir successivement les campagnes. Elle n'avait sur les
fins du mariage que des idées bien vagues

et bien confuses; mais l'ombre qui tombait du ciel lui paraissait peuplée de spectres hideux et de fantômes menaçants. Claude, en lui montrant tous les coins et recoins de la ferme, avait bien dit : voici ta chambre, voici la chambre de Marthe, voici celle de Paquerette. Il n'avait pas dit : voici la mienne. Ajoutez que la vieille Marthe, qui nageait dans la joie et ne soupçonnait rien de ce qui se passait depuis plus d'un an dans le cœur de Catherine, ne ménageait ni les fines allusions ni les à-propos galants. Il y avait des instants où, le front couvert de rougeur, Catherine avait envie de s'enfuir et s'aller jeter dans la Creuse. Ce qui la retenait, c'était la conscience de ce que Claude avait été pour elle, et aussi celle des engagements solennels qu'elle avait contractés au chevet de son oncle expirant.

Cependant, entre onze heures et minuit, Marthe finit par remarquer que Claude, qui s'était éloigné après souper pour donner çà et là le coup-d'œil du maître, n'avait point encore reparu. En dépit de Catherine, elle l'alla chercher et fureta partout; point de Claude! Nul ne put dire ce que Claude était devenu. Au bout d'une heure au moins d'inutiles perquisitions, furieuse, scandalisée au-delà de toute expression, Marthe revint auprès de Catherine qui prit le parti de lui rire au nez et de se sauver dans sa chambre. Toute tremblante et joyeuse à la fois, elle se déshabilla à la hâte et se blottit dans son petit lit où elle ne tarda pas à s'endormir d'un profond sommeil.

Au bout de quelques heures, la jolie dormeuse fut réveillée par les bruits de la ferme. Elle courut à la fenêtre qu'elle ouvrit; un chaud rayon de soleil entra du même coup dans sa chambrette et dans son cœur. Les moutons bêlaient en se rendant aux champs, les bœufs mugissaient en aspirant l'air frais du matin. Les poules gloussaient dans la cour; les pigeons roucoulaient sur le toit du colombier voisin. Partout en même temps, Marthe s'initiait aux soins de son nouvel empire. Le père Radigois attelait la charrue. Agenouillée sous le pis d'une vache, Paquerette faisait jaillir entre ses doigts le lait écumeux et fumant. A ce tableau de l'école flamande qui se déroulait sous ses yeux, Catherine ne put s'empêcher de sourire ni se défendre d'un mouvement de joie non encore éprouvée depuis plus d'une année. Elle se dit qu'elle était la jeune reine de ce petit royaume : elle entrevit vaguement que tout n'était pas fini pour elle, et que la vie lui gardait encore d'heureux jours.

Pour se relever et pour en venir sans efforts à substituer la réalité féconde aux chimères de la jeunesse, pour en arriver à comprendre que le devoir et sa poésie tout aussi bien que la passion, peut-être ne fallait-il à cette âme brisée qu'un peu de repos, de silence et de liberté.

Dans la matinée, comme Catherine, tout en craignant de le voir paraître, commençait de s'alarmer sérieusement de la disparition de Claude, un messager venu de la ville lui remit la lettre suivante :

« Catherine, ton cœur est encore bien souffrant. Désormais inutile, je sens que ma présence ne pourrait qu'irriter tes ennuis et retarder ta guérison. Je m'éloigne, je pars, heureux de la pensée que là-haut ton oncle est peut-être content de moi. Si j'avais cru pouvoir, sans enchaîner ta vie à la mienne, te faire accepter la modeste aisance que m'a laissée mon père, je t'aurais dit : Prends tout. Mais tu n'aurais rien voulu prendre. Pardonne-moi de t'avoir épousée ; je ne l'ai fait que pour avoir le droit de te tout donner. Ta fortune n'est pas bien grande ; elle l'est assez pour te permettre de vivre doucement, à l'abri du besoin, et de faire du bien à tes pauvres dont je veux que tu restes la chère providence. Ne t'inquiète pas ; j'emporte bien au-delà du nécessaire. Je vais voyager un peu et tâcher de devenir moins bête en courant le monde. Toi, ma sœur, tâche de guérir, sinon tout-à-fait, du moins assez pour pouvoir me supporter sans trop de fatigue, quand je viendrai te demander l'hospitalité. Tu trouveras bien un coin où me mettre ; tu verras que je ne te serai guère embarrassant. Et puis, si ça te gêne de voir mon nez qui te faisait rire autrefois, je repartirai pour ne plus revenir que lorsque tu m'appelleras.

« Ton frère,

« Claude. »

Catherine, après l'avoir lue, porta cette lettre à ses lèvres ; puis elle la plaça, comme un talisman, sur son cœur.

Au bout d'un an, Claude revint. Nous

ignorons s'il repartit. Tout ce que nous savons, c'est qu'il revint précisément le jour où finit l'histoire de la petite vierge.

FIN.

TABLE

DU DEUXIÈME VOLUME.

Chap.	Pages.
I. Projets.	1
II. Ce qui se passait à Paris.	85
III. Paris à Bigny. , ...	99
IV. Les Dimanches se suivent et ne se ressemblent pas.	147
V. Attaque au coin d'un bois.	217
VI. Le rendez-vous.	225
VII. Un malheur ne vient jamais seul.	251
VIII. Projets renversés.	279
XI. Où l'on voit qu'il ne faut désespérer de rien. .	313
Conclusion.	343

www.ingramcontent.com/pod-product-compliance
Lightning Source LLC
Chambersburg PA
CBHW050314170426
43202CB00011B/1893